T0198861

Prosas, rimas y algo más...

2a Edición

DELF LUIS ROSS

authorHOUSE®

AuthorHouse™
1663 Liberty Drive
Bloomington, IN 47403
www.authorhouse.com
Teléfono: 1 (800) 839-8640

Publicada por AuthorHouse 05/09/2018

ISBN: 978-1-5462-4097-6 (tapa blanda)
ISBN: 978-1-5462-4095-2 (tapa dura)
ISBN: 978-1-5462-4096-9 (libro electrónico)

Numero de la Libreria del Congreso: 2018905381

Información sobre impresión disponible en la última página.

Las personas que aparecen en las imágenes de archivo proporcionadas por Getty Images son modelos. Este tipo de imágenes se utilizan únicamente con fines ilustrativos. Ciertas imágenes de archivo © *Getty Images.*

Este es un libro impreso en papel libre de ácido.

Preámbulo

Mi frase soñolienta a la edad de cinco o seis años, *"El día que yo sepa leer y escribir, llegaré hasta donde mi fuerza me permita"* Este fue mi sentir que nace allá entre los montes, arroyos que no inspiraban ni prometían ningún futuro halagador, por estar fuera de la sociedad civil. Era muy difícil aspirar a llegar lejos, tener alguna meta alcanzable, parecía imposible salir de la absoluta ignorancia, de la pobreza del conocimiento y del saber. Sin embargo; Dios me ha concedido el privilegio de llegar a ser alguien, la bendición de cumplir mi sueño más. Un sueño que me permite compartir con el mundo externo, una convicción quienes pueden creer lo mismo, un principio ideológico personal que dice; la vida es limpia, pura y única. Lo contaminante y lo perjudicial, es el descuido, la irresponsabilidad, las circunstancias adversas que no dejan ejercer la sabiduría e inteligencia en el momento oportuno.

Con el objeto de dar un sentido más amplio, esta segunda edición ofrece reflexión educativo, motivación personal, familiar o social, como en cualquier otro campo circunstancial que; de los mismos, pueden ser utilizadas a distintas ocasiones, como cumple años, día de las madres, día del padre, dedicatoria a los niños, entre otros muchos eventos que pueden ser de gran importancia para los seres queridos o amados. Siempre en busca de convertir la vida más ligera, agradable para quienes están cerca o los que están lejos, compartiendo lo mejor y exaltando lo excelente con una simple leyenda.

"Minimiza lo malo y engrandece lo bueno."

v

Dedicatoria

A mis seres queridos que estuvieron presente, en el momento que más lo necesitaba, por sus motivaciones e inspiraciones, que algunos sin ser parte de mi vida, me animaron a realizar mi sueño, me hicieron ver la capacidad que había en mis manos, las habilidades que podía desarrollar, mi amplia gratitud a ellos. Especialmente, gracias a mi padre que me llevó a la escuela aunque no vive desde el año 1983. Sus buenos recuerdos prevalecen siempre cual me motiva seguir luchando en el camino del aprendizaje y del conocimiento.

Sinceramente:

Con Amor y Cariño:

Delf Luis Ross

Contenido

1
Despedida

Contigo supe diferenciar, entre lo especial y lo ordinario. Entre el amor y el cariño, lo que dos personas pueden compartir sin mirar el contorno. No sé cómo agradecerte ni tengo con qué pagar. Sólo dos palabras puedo pronunciar con todo mi corazón y decirte; muchas gracias: Por tu amor y entrega incondicional. Tu afecto cristalino y única personalidad en el mundo. Tu sencillez pragmática en mi vida, y tu sonrisa como rebanada de sandía. Tu mirada, que brilla como la estrella más grande en el espacio celestial. Por tu piel, como seda deslizante que cubre mis defectos haciéndome sentir, el único ser amado en la vida. Por tu presencia resplandeciente, para ver más allá de lo visible. Por tus palabras como una canción angelical, eres el despertar que ha infundido una nueva vida en mi ser. Una luz infrarroja, para caminar en medio de las tinieblas tenebrosas y veredas peligrosas. Los besos que me diste, lo tendré bien guardado donde nadie tendrá acceso. El secreto que me revelaste, estará en el fondo de mi corazón. El calor de tu ser, siempre será el motivo para no claudicar. En cada respiro exclamaré, ¡te quiero! porque no me arrepiento haberte conocido. Meditar en el grito de mi silencio, ¡te amo! porque no lamento haberte amado con toda mi alma. Llegaste temprano en mi vida, yo llegué tarde en tu ser, qué difícil olvidar el sabor de la vianda servida. Los dos no sabíamos de nuestra existencia, el destino se encargó juntarnos y también separarnos. Reconozco que eres grande y maravilla, para fortuna quien te encuentre, y del que no soy merecedor. El mundo se ha encargado que no sea yo tu eterna felicidad. La familia se ha interpuesto entre nosotros para no morir en el seno de nuestro amor. Estoy impulsado a emprender un nuevo camino sin retorno. Tus buenos sentimientos, es mi luz, tú único amor, me insta mirar hacia el futuro y disfrutar los porvenires inciertos. Si te encuentras primero con él, dile; Está en camino. Si fuera yo, le diré; Está por llegar.

2
Noche Inolvidable

Una noche soné entregarte mi amor, un día habitar en tu corazón. Un momento desmayar, otro tiempo resucitar. Las puertas están abiertas, para que pases libremente. Antes que te vea y me pidas lo que te pertenece, por anticipado, ya tienes el sí. Las ventanas están abiertas, para que nuestro respiro circule sin detenerse, Nos vigile la luna con su resplandor. Las cortinas ondean de felicidad, para presenciar el eclipse de la luna con el sol. La noche nos pertenece, arrima la leña a la chimenea, para que no se apague la braza. Acércate suavemente con tus manos, para que sientas el calor de mi piel. Toca mi cuerpo, para que se eleve la energía de mi ser. Silenciosamente, cúbreme con tus dulces besos, porque dos bellas almohadas disponen para ti, Y dos colchones dónde recostar tu cuerpo. Un suspiro en el profundo fuego de mi alma. Un palpitar en el fondo de mí ser. Un sólo amor gozar en la vida, para siempre disfrutar la miel de tu cariño. Transitar en las calles del cielo, saludar las estrellas con las palmas de mis manos. En la luna me quiero quedar, al mundo, jamás regresar. Vuela paloma, vuela paloma mía, alcanza llegar hasta el último cielo. Hazme gritar de alegría, de felicidad, porque es mi única noche, será inolvidable y para siempre vivir.

3
Hacia Lo Imposible

Iré a buscar una estrella, para que ilumine mi camino como los reyes magos. Viajaré larga distancia, en busca de una flor, para estar embalsamado con su fragancia incomparable. Caminaré sin detenerme, para entrar en el paraíso de su corazón. Trabajaré arduamente en su amor, para tenerla como princesa, y yo le entregaré mi corazón; para ser su príncipe. Me esforzaré todo el tiempo, para amarla incondicionalmente. Con su cariño ser envuelto como un bebé, y jugar con sus lisos cabellos. Lucharé con todas mis fuerzas, para estar de pie, y defenderla ante cualquier peligro de muerte. Dedicaré el tiempo necesario, para alimentarla con el amor que no se compra, tenerla feliz y contenta sin carencias. Entonaré melodías sensacionales en las oscuras noches, cantar canciones pasionales en sus oídos, haré cosas inimaginables, para que olvide este mundo que nos asedia. Velaré sus sueños como un ángel guardián, y seré su pensamiento el resto de su vida.

4
Cuidado

Si un amor llega frente a ti, dale un abrazo de bienvenida. Cuando veas llegar al amor de tu vida, recíbele con un bezo. No lo dejes ir por tu indiferencia, por tu insolencia e intriga insaciable, porque; puede ser la única oportunidad que te concede la vida. Cuando sientas que ya no hay más posibilidad de amar y ser feliz, piensa que el pasado fue un sueño, y no una tragedia sin remedio. Pero ten cuidado, si el amor es para ti, se quedará junto a ti, sin que le ruegues con lágrimas. Estará a tu lado, sin que le obligues con tus encantos. No le supliques ni te humilles ante él, porque el día que lo hicieres, habrás perdido tu amor propio. Por más sincero, confiable y leal que parezca, no te dejes arrastrar por lo que puedes lamentar después. El amor que tú mereces, es aquel que llega, te toma de la mano para caminar juntos, y se va contigo en medio de grandes peligros. Si no te dice, ven, no le pidas que se quede, porque un día se irá sin compasión de ti. Nunca permitas que camine atrás, porque lo estarás arrastrando, y te será una pesada carga. No dejes que camine adelante, porque lo estarás pisoteando, y será un estorbo en tu caminar. Cree en el presente y deja que camine a tu lado derecho, para que te apoyes en él cuando sientas desmayarte. Ofrécele tu lado izquierdo, para que se apoye en ti, y se reestablezca, adquiriendo mayor fuerza, para avanzar hacia el día final. Si ninguna de las cosas mencionadas quieres hacer, entonces; antes que tomes cualquier decisión; plantea tu situación, consulta quien tenga conocimiento de causa, averigua todas las alternativas, pregunta a la persona indicada y decidan juntos, para que la pesadumbre sea menos. Al no tomar en cuenta quien está contigo y fracasas rotundamente, no culpes a nadie. Simplemente reconoce que has fallado. Que no hiciste lo que debiste haber hecho a tiempo. Por lo tanto, sé sabio e inteligente.

5
Gran Cadena

Amores sinceros me rodearon,
Que conmigo no se quedaron.
Lentamente se arrimó Angelina,
Invitándome hacia la Colina.
En la vereda encontré a Basilia,
Y nos fuimos lejos de la familia.
Con Virginia me puse a jugar,
Donde desconocíamos el lugar.

De cerca me rondaba Hortensia,
Y me seguía sin resistencia.
A lo lejos vi a Imelda,
Pero casi termino en la celda.
También conocí a una Ignacia,
En realidad, ella era Anastasia.
Llegué a la casa de Susana,
Donde fui recibido por su hermana.
Silenciosamente se acercó Julieta,
Apuntándome con una escopeta.
Alcancé la bella Guadalupe,
Pero retenerla no supe.
Otro día me sorprendió Dominga,
Y la confundí con una gringa.
Quiso robarme la Eulalia,
Más me rescató Amalia.
Muchas veces intentó conquistarme Martha,
Hábilmente la desanimé con una carta.
Inesperadamente se atravesó Susy,
Y me llevó al yacusi.
Me enamoré de la hermosa Armida,
Con quien quise compartir mi vida.
Como golpe de suerte apareció Mónica,
Escoltada con una banda filarmónica.
Felizmente me estaba esperando Leticia,
Y era para hacerme justicia.
Seguí caminando como si estuviera perdido,
Cuando reaccioné, pues, estaba bien dormido.

6
El Peso De La Vida

El transitar de la vida en este mundo, no es nada fácil llegar al éxito, no es tan ligera alcanzar la excelencia. Desde el nacimiento con el primer respiro hasta la muerte con el último suspiro, todo se convierte en un gran peso. Se vive con lloro, y se camina con lágrimas, mientras se avanza lentamente hacia la noche. Llegan los sufrimientos para quedarse, pasan los dolores frente la inexplicable razón de su existencia. La risa dura un segundo, mientras la seriedad sucumbe las aspiraciones. La juventud sacude las fuerzas, y los años van hacia la vejez, para ser arrastrados por ellos. Un bocado de pan, cuesta mucho esfuerzo para obtenerlo, el desgaste vano de la fuerza consume a temprana edad. En el seno del hombre, está la perdición, y en sus manos está la muerte. Cada respiro emite un mensaje de vida, un parpadeo, una señal de complicidad. En cada paso, está la vejez, un movimiento, consume a gran velocidad. Tan pesada es la vida, que algunos optan por abandonarla, eligiendo caminos equivocados como; el alcoholismo, la drogadicción, el lesbianismo, el suicidio, el homosexualismo, el bloqueo de la buena moral, el abandono a Dios, la burla de la fe, y las matanzas por encima de las leyes que el hombre ha creado. Cada vez se multiplican las enfermedades y son incurables, desde los más pequeños hasta los más grandes, débiles y fuertes, padecen el peso de la vida, en este pobre mundo.

7
Enamorarse Equivocadamente

Pareciera ser sueño, ilusión o imaginación, pero es la realidad que sucede en la vida cotidiana. En diferentes formas y múltiples maneras, por circunstancias o situaciones distintas; todos, sin excepción alguna, el mayor defecto del ser humano, es enamorarse equivocadamente. Se enamora de los padres, que algunos no llegan a casarse o conseguir pareja sentimental, se convierten parte de la vida, como si sus padres nunca fueran a faltar o morir. Al ausentarse uno de ellos, cuando se van para jamás regresar, sienten caer el mundo encima al ver el tiempo de partida. Al despedir el cuerpo en la última morada, sienten que se cierran todos los caminos, las oportunidades que están más adelante, toman otros rumbos. Pierden la visión y el objetivo de seguir viviendo como si no hubiera pasado nada. Se enamora de los hermanos, haciendo todo lo posible en cumplir sus demandas, para que no se alejen, así conservar la unión familiar. Sabiendo que el amor entre hermanos, es pisoteado cruelmente, no hay consideración ni respeto, todo es vano y pérdida de tiempo. De los hijos, ni se diga mucho, como si ellos no fueran a crecer, formar sus propias vidas, elegir dónde vivir, y con quien estar. Muchos piensan y creen, que los hijos, son la última esperanza de vida, la única felicidad, gozo y alegría. Cuando llega la realidad, es un total engaño, porque a veces los hijos no se acuerdan que tuvieron padres. Al no lograr ese objetivo, los abuelos se refugian en los nietos, robando así, el afecto, el cariño, el aprecio y el amor, que podrían ser la felicidad, y la recompensa para sus hijos. El ser humano se enamora del trabajo, del deporte, de los amigos, compañeros, algunos con justa razón, pero en otras, no existe motivo, por convicción o por conveniencia, su grande amor está fuera y entregado al exterior. Mientras olvida y abandona el interior de su vida, su alegría y felicidad. Es bueno amar a los demás, pero es mejor amarse primero asimismo, y dejar que los demás se amen sin intervención alguna.

8
La Grandeza

En medio de lujos, he caminado para admirarme frente un espejo. En comodidades para presumir lo ajeno, en abundancia para gloriarme en el vacío, en necesidad para comprender a mi prójimo. He pasado en diferentes tiempos para ver la multiplicidad de la vida. Momentos tristes para reflexionar, ocasiones alegres para sonreír. He tenido mucho sin merecer absolutamente nada. No me falta la felicidad, la alegría ni el gozo, tampoco he carecido de las grandes oportunidades, ni he tenido límite de los múltiples privilegios. He visto y presenciado todo lo bueno para disfrutar, lo malo que la vida enfrenta, siempre para vencer. Muchas veces he visto la muerte de cerca, me ha acariciado con ternura, sin embargo; siempre he regresado a la tierra, no por mi propia cuenta, sino por la voluntad del creador. Enfermedades han pasado en mi cuerpo, pero se han ido a otros rumbos sin tocar a nadie, siguiendo sus caminos hasta llegar en su propio destino. Mis enemigos, junto algunos de mis amigos y familiares, han tratado terminar conmigo, más mis amigos sinceros y mi familia leal, me han apoyado sin condiciones. En medio de la oscuridad, he dormido sin preocupación, en las calles y entre montañas, he reposado con el cobijo celestial, porque una luz siempre me acompaña. La luz de la esperanza, la esperanza en el creador del universo y de la vida. Aunque a veces me siento como una arena o como polvo, Dios me ve como una gran montaña. Que en cada amanecer me levanta con su mano divina, y en el atardecer me toma en sus brazos, para descansar en el lecho de su amor. Durante el día, soy cubierto por la gracia, y durante la noche, cobijado por la grandeza del Dios, el Todopoderoso.

9
El Ocultismo

Hablar del ocultismo, es pensar en un evento diabólico. Es creer en un artefacto demoniaco. Es imaginar espíritus y ángeles malvados. Es introducirse en las profundidades de la oscuridad y densas tinieblas. La religión de todo tipo, está en contra de tal práctica, el ocultismo. Aunque la palabra oculto, viene del verbo; ocultar, que de ahí se deriva, esconder, mantener secreto y cubrir lo que comúnmente se conoce, mentira o engaño. Grandes siervos de Dios, predican y enseñan lo pecaminoso que es, y lo que conlleva la creencia oculta u oscura. Es verdad, que hay grupos que lo han convertido como devoción, adoración y servicio a Satanás. Que lucha a toda costa por hacerse ver y darse a conocer al mundo de la luz o verdad. Detrás del escándalo religioso, de siervos, gobiernos, padres de familia, hermanos, hijos, abuelos y toda la sociedad en su conjunto; cada uno está inmerso y ligado al ocultismo real. No de creencia ni de ideas, sino de práctica cotidiana, de cada persona o individuo. Observa detenidamente lo que no le dices a tu papá, tu mamá, a tu esposa, esposo, a tu patrón o empleado, a tu gobierno que elegiste. Reprobaste una materia, no le dices a tus padres. Un hombre te declara su amor, y te conviertes en su novia o amante, sabiendo que eres casada. Una mujer cariñosa te conquista, y la conviertes en tu amor secreto. No solo es tu amor, sino es mamá de tus hijos que tienes con ella. La sociedad misma sabe quién roba, mata, viola y amenaza, mas no dice a la autoridad competente, se convierte en cómplice de los hechos y actos delictivos. Prefiere ocultar el mal en su casa, pueblo, ciudad o país. Por más que digas que no eres partidario o partícipe del ocultismo, estás inmerso en lo más profundo de ello, lo que llamas cómodamente pequeña mentira, porque consideras que es dañino para otra persona, que debería de saber la verdad. Es mejor revelar los secretos que involucra a un ser amado, que se entere por su propia cuenta, o cuando estés al bordo de la muerte, y ya no haya tiempo para remediar el daño.

10
Los Amados

Amado mío, tengo miedo que me mandes a polo norte, y me quede congelado para siempre. Amada mía, me angustia que me mandes a polo sur, para que me queme el ardiente amor por ti. Querido mío, me da temor que me mandes muy lejos de tu vida, y donde tenga que sufrir mucho por la ausencia de tu dulce amor. Apreciada mía, me asusta que me niegues el calor de tu cariño, y tu cuerpo escultural se convierta en propiedad ajena. Estimado mío, me aterra que llegues a decirme adiós en cualquier momento. Mi única, amada, me oprime si me dijeras, hasta nunca mi bebé. Apreciado cariño, me espanta si no llegaras a estar en mi nido de amor. Querida y bella dama, sin ti, no hay vida. Vida mía, vamos a caminar juntos. Toma mi mano, y apóyate en mis hombros. No desmayes corazón mío, estoy contigo. Volemos hacia la eternidad, porque somos el amado y la amada, que hemos decidido vivir, caminar, hasta morir juntos.

11
Tiempos Maravillosos

Desde que llegué junto a ti, el tiempo ha sido muy corto en mi vida.
Te veo siempre como desde el primer día de nuestro encuentro.
Todo sabe igual como desde aquel día.
He sido alimentado con las mieles de tus dulces besos,
Y de las delicias de tu amor sigo viviendo.
Cobijado con tu gran cariño para sentirme en el cielo.
La dulzura que brota de tus labios,
Lo gozo sin límite y confortante estar en tus brazos.
La energía al contacto de mi cuerpo,
Reviven las venas de mi ser.
El arropar de tu sombra como ángel guardián, es mi protección.
Mi salida en tu morada, siento el último respiro.
Tú eres la fuente viviente del cual vivo.
Eres la luz que resplandece en mi camino,
Y que me motiva regresar pronto.
Eres el agua que refresca y renueva mi existir.
Por tu riqueza incontable siempre deseo estar en ti.
Entre tú y yo, el tiempo no existe,
Porque somos nosotros mismos.
El ayer nunca pasó y el mañana tampoco llegará.
El presente, está corriendo sin detenerse,
Y debemos vivirlo con toda la intensidad de nuestras fuerzas.

No tenemos necesidad de luna ni de sol.
No hace falta que nos cuiden.
No hay a quien acudir y nunca estamos solos.
Bajo la sombra del amor sigamos caminando,
Hasta llegar donde nos espera la otra morada.

12
Qué Difícil

Qué podría ser más importante que la salud e indispensable que la propia vida. Ya ni siquiera pensar en la felicidad que un momento posa, y luego se esfuma como neblina. Desear las comodidades o las riquezas materiales que los poderosos a la mala se adjudican. Anhelar el prestigio, y la fama que provoca ruptura y distanciamiento interminable, entre los mejores amigos o enamorados. Inclusive la honra y el honor, son pisoteados sin consideración. Los derechos elementales y la justicia, parecen ser enemigos irreconciliables. La igualdad, no llega por más que se pregona en todo el mundo. El dominio y la conducción sobre la verdad, están ausentes por más que se hable o se diga a todas luces. Ya no se trata de la igualdad de género sino el nivel social, la forma de vida como individuos, como ciudadanos de cada región, país o continente. Lentamente van desapareciendo los valores del hombre, que a este tiempo, nadie respeta ni es respetado. El mundo está lleno de infelices que muchos no valoran su propia vida, y menos la de otros. Por eso matan con armas o sin armas. Odian y desprecian sin razón. Insultan y maldicen sin motivo. Condenan y ajustician sin pruebas. Persiguen a capa y espada sin cansancio. Vigilan y hostigan sin mérito alguno. Se burlan de los inocentes y se gozan con los culpables. Piensan que son amos del mundo. Creen que nadie merece vivir, y disfrutar los mínimos beneficios que se tiene en esta corta estancia. Se adueñan de lo que es compartible, sin tomar en cuenta quien sea. Despojan y ultrajan, sin aparente daño. Son guías a la perdición arrastrando tras sí a los débiles y a los indoctos. Tantas cosas que suceden y ocurren alrededor, qué difícil es vivir plenamente, libre de sufrimiento y dolor. Tanto esfuerzo y sacrificio, qué complicado es llegar a ser feliz.

13
Ven

Príncipe azul, yo quiero ser tuya.
Mi rey, mi alma te arrulla.
Hombre de mi vida,
De ti estoy conmovida.
Tu princesa quiere estar contigo,
No la hagas sufrir conmigo.
Extrañamos tus dulces besos,
Porque son muy deliciosos.
Tu amada y tu princesa,
Esperando como una Condesa.
Somos una y única belleza,
Puedes tener la plena certeza.
La miel escurre de alegría,
Y dulces como una sandía.
Aquí estoy, ven cariño mío,
Ven mi rey, porque tengo frio.
Ven mi príncipe, ven.
Mi amado y querido Rubén

14
Entre Princesas

Dos bellas princesas, que con la brillantez de sus ojos, y el resplandor de su rostro, iluminan el caminar de la bella reina. Su majestuosidad ante un mundo confuso, inspira una vida incomparable y placentera, quien es digno de poseerla en sus manos. Sus movimientos infunden esperanza, como los rayos del sol en las arboledas, cuida sus retoños. En las montañas se pasea y en todos los rincones de la tierra se asoma. De ella nace la luz de la vida, y en su ser se depositan los secretos más íntimos del hombre. Brotan los manantiales con los cantos de la brisa, y sonoros angelicales alegra el corazón solitario. La adorada reina, es como la luna que con pasos agigantados vigila a sus princesas alrededor del mundo, mientras ellas brillan como dos estrellas más cercanas a la tierra. Como dos flores del campo, ondean y se despiertan, aguardando la salida del sol para inspirar ternura durante el día. La reina imparte fragancia, sencillez, alegría, felicidad en el ser y en el corazón de las princesas. Gracias a su alteza, las princesas adorarán y venerarán a la reina como única en el universo. Se cubrirán de la realeza y serán felices por siempre.

15
Puerta Falsa

Mi madre me sobreprotegió,
Mi padre me despreció.
Todos mis hermanos me,
Odiaron hasta la muerte,
Y los demás, me dejaron a mi suerte.
Entregué mi vida a quien no amaba,
Y nunca me importó dónde andaba.
Vivía lleno de nostalgia,
Sin remedio ni con la magia.
Mi madre se fue a otro mundo,
Dejándome un vacío profundo.
Me vi rodeado de tanta desilusión,
Donde no había ninguna solución.
Mi casa se convirtió como un presidio,
Que me indujo a cometer suicidio.
Por motivo desconocido,
A último momento, alguien estuvo presente,
Que, con voz angelical, dijo; detente.
Entre llanto y lágrimas, volví a la realidad,

Razoné y me fui a otra ciudad.
Hoy puedo enfrentar las dificultades,
Y combatir las múltiples adversidades.
Entendí que Dios me dio la vida,
Y no se debe dar por perdida.
A todos comparto esta experiencia,
Para que vivan con más inteligencia.

16
A Tiempo

A veces lo que más nos importa, se desgasta o se va para nunca volver. No tomamos la oportunidad para decir adiós, te quiero o Te Amo. Muchas veces nos avergüenza externar, me gustas; por temor a ser enjuiciado y con justa razón, porque los valores del hombre han estado a la deriva, y a punto de desaparecer. La vida es tan corta y tan preciosa, que a veces ignoramos lo valioso, y lo maravilloso que es. Mejor nos dedicamos a criticar, a juzgar, a condenar y dar lástima a los demás. Pensamos y creemos, que no somos nada para nadie. Imaginamos que no vale la pena estar vivo. Pero un día, yo recibí este mensaje de alguien muy importante que conocí de cerca, que cree que valgo la pena ser tomada en cuenta, y que soy especial en la vida. Que soy única como una perla, perfectible para una vida mejor. Apreciada como un tesoro invaluable, que no debía subestimar el valor que representaba mi persona. Al verme frente un gran espejo, entré en razón, y cuán verdad me habían dicho. Luego de un profundo respiro, puse los pies en la tierra, pronto mandé mensajes a las personas lejanas que son importantes para mí, fui a ver a mis seres amados que estaban cerca, donde les hice ver lo grande. y lo hermoso que son. Lo bueno que son, lo excelente que tienen, lo mejor que comparten sin mala intención o para recibir algo a cambio. Ahora, piensa tú en esto. Supón que una mañana no despiertes, no veas a nadie a tu lado o peor aún, ya no estás en este mundo. Tu familia y tus amigos, tus compañeros y demás seres queridos, ¿saben cuánto los quieres y los amas? ¿Les has demostrado con un saludo, un abrazo o un beso? Claro, el prejuicio y la imaginación son más veloces que las buenas acciones. Deja saber, pues, a todos cómo te sientes, aunque creas que ellos no te aman. Es sorprendente lo que pueden hacer dos palabras y una sonrisa, los cuales me hicieron cambiar de visión y de pensar. Sentí que era mi oportunidad revelar mis sentimientos que estaban ocultos, guardado en el fondo de mi corazón frente un gran amor: Y dije, en caso que Dios me llame con él, yo quiero que sepas que; Te Quiero con todo mi ser y Te Amo con todo mi alma. Te pido que vivas cada día al máximo, perdones aquellos que están mal, y disculpes quienes te agravian. No guardes lo que perjudica tu alma sino retén lo que beneficia tu espíritu. No insistas ni te aferres en algo que no es para ti o lo que dejaste escapar de tus manos. Realiza lo que está a tu alcance, porque el mañana no está prometido. Hoy se nos da una oportunidad a la vida, con el después (futuro), no hay nada garantizada. Ahora, es el momento de vivir la realidad, no dejes que el coraje arruine tu alegría. No permitas que el orgullo te haga perder lo que has ganado con mucho esfuerzo. No dejes que el resentimiento termine con tu momento de felicidad. No esperes ni dejes pasar otra ocasión, para hacer feliz a alguien o a ti mismo. Siempre valora y cuida quienes están contigo, porque son seres pensantes y también sensibles. No te entregues totalmente a lo que se devalúa, y pierde interés, porque no vale la pena a la mera hora. Estás a tiempo para hacer todo lo quieras en la vida sin perjudicar a nadie, y recuerda que también responderás ante el ser invisible, por todo lo que hagas en esta corta estancia.

17
Se Fue

La tuve en mis brazos, pero no supe cómo retenerla.
Me ofreció cariño, pero nunca confié en ella.
Me entregó su gran amor incondicionalmente, y no quise aceptar.
De sus labios brotaron dulces besos, y cayeron en el vacío.

Me invitó morar en su corazón, más rechacé el santuario de su alma.
Me hizo sentar en la mesa de su cariño, y no quise comer del único platillo.
Me ofreció cubrir con sus lizos cabellos, pero me negué rotundamente.
Me mostró ternura como sombra, pero fui incapaz de asimilar.
Poco a poco se fue alejando por la frialdad en mí ser, sin pensar en el futuro.
No quise oír ni escuchar su clamor de amor, me aparté sin consideración.
Fui llevado por el viento a otras direcciones, al darme cuenta ya estaba perdido.
Día y noche me buscaba, más yo dormido estaba.
En mi sueño susurraba una voz angelical, no dejes pasar la oportunidad,
Porque llega una sola vez, se va, y luego ya no regresa.
Al despertar el siguiente día, ya estaba lejos de mí.
Traté correr tras ella, pero ya era muy tarde.
El tiempo y mis fuerzas, también se fueron con ella.
Ahora, estoy en espera de la otra, aunque sea la última,
Porque la que tenía; se fue, se fue muy lejos, la oportunidad que estaba en mis manos.

18
Atrapado

En el momento que te vi llegar, me atrapaste sin pensar, y sin darte cuenta. Tu mirada de ternura, fue el láser que traspasó mi existir, y mis sentimientos cayeron al suelo por la grandeza de tu hermosura. La dulzura de tus labios, fue la causa para desmayar, la fuente del amor que siempre he deseado desde que abrí los ojos al nacer, el motivo para resucitar. La brillantez de tus pupilos, como dos grandes estrellas, fulminó la plenitud de mi vida. Tu caminar en mi presencia, la rotación de la tierra, al cual piso desde que llegué al mundo. Tu hermoso cuerpo, el regalo perfecto que envolvió mi sentir de alegría. Tu sonrisa como la media luna, la puerta hacia la eternidad. Tu imagen resplandeciente, grabada en mi memoria como un lienzo de ceda. El perfume de tu piel, el respiro para vivir la plenitud y las delicias que no se compran. Tus tiernas manos como dos rosas, la roja; símbolo del amor perfecto, la blanca, tu incomparable pureza, el cobijo perpetuo. Tus pies, la fortaleza y refugio en mi soledad. De tanto suspirar y pensar en ti, he perdido la esperanza de la libertad, porque estoy atrapado en el fondo de tu corazón, arrinconado en tu profunda alma. Voces celestiales me arrulla en mi sueño, y encerrado en tu amor ausente. Mi sentencia final, es amarte sin tenerte en mis brazos.

19
Mi Caballero

Mi cabalero, no me dejes para no verme perdida.
Guárdame en tus manos para sentirme protegida.
Día y noche, quiero estar contigo,
El deseo y la pasión, arden conmigo.
Compadécete del vacío que hay en mi ser,
Porque dispuesta está en cada amanecer.
Hazme viajar en tu rostro relumbrante,
Concédeme la fortuna de ser tu amante.
Entra a mi casa, las puertas están abiertas,
Asómate en las ventanas, de seda están cubiertas.
He dispuesto todo para plasmar nuestras huellas,
Cubrámonos con la complicidad de las estrellas.
Enciende la chimenea para sentir tu calor,
Vivifícame con tu energía sin perder el valor.
Embriaguémonos perdidamente del amor perfecto,
Ahoguémonos profundamente y será nuestro secreto.

20
La Travesía

Caminos y veredas he transitado, desde que tengo uso de razón. Montañas y arroyos, he cruzado en busca de tu amor. Vientos soplar con furia, y tormentas sucumben apagar la luz. Riesgos y peligros, en frente de mi caminar que adversas lograr el propósito. Día y noche buscarte, que por fin apareces en medio del desierto. De sed no muero sino de tristeza por tu ausencia. De frío no agonizo sino por la falta del calor de tu cuerpo. De amor no tengo hambre sino los besos de tus dulces labios. A la oscuridad no tengo miedo sino al no tenerte conmigo en mi lecho. Fuentes y manantiales, no me faltan, sino la dulce miel que fluye de tu ser. Tengo luz más no te tengo a ti. De qué me sirve el dinero, si no estás a mi lado. Para qué quiero la mansión sin tu presencia. Oro y alhajas, brillan junto a mí, prefiero la luz tus hermosos y lindos ojos. En mi despertar, veo salir el sol, la llegada de la luna en el anochecer, más tú; no te asomas por ninguna parte. Estar en el paraíso sin ti, es un paso al precipicio. Dar un falso movimiento, la caída al abismo es seguro. Las doce horas del día, son como los doce meses del año. El contorno de mi ser, eres tú que me alienta seguir las huellas de la felicidad. Debo traspasar cada travesía que encuentre, para compartir mi felicidad contigo.

21
Un Día Como Hoy.

Fue una maravilla que hayas venido a este mundo, que de los millares de ángeles saliste, entre mil estrellas viajaste. Entre la multitud de flores caíste para ser venerada con lealtad y honor. Todos se inclinan ante tu presencia refulgente como la misma divinidad en la tierra. Impresionante verte sonreír e impactante oír tu voz resonante como de trompeta para atender tu llamado al servicio. Coros y cánticos celestes marcan los pasos en tu caminar. Alfombra blanca es la nube en el cual te paseas con delicadeza. Intenta la naturaleza ocupar tu trono en que estás, donde nace la luz de vida y fluye la miel sin detenerse, pero jamás alcanzarán tu altura. Anhelo servirte con todo mi corazón, adorarte con todo mi amor tal como lo mereces. Deseo despertar en tus brazos cada mañana y decirte, te amo. Que la noche no tarde en llegar para seguir durmiendo en tu seno placentero y decirte, te quiero. En todos los momentos y lugares que transites, te guardaré siempre con humildad, con veracidad, con respeto, con fidelidad, con justicia y con toda la honradez de mi existencia. Porque un día como hoy, llegaste en mi vida. Te entregaste en mis brazos y me dejaste entrar en tu ser para formar parte de él. Solo un día como hoy.

22
Marcando Diferencia

Yo vine a este mundo para servir, y no para ser un estorbo. Concedo el derecho de los demás, y respetando la libertad de todos, es la misión a cumplida. Doy paso para que otros triunfen, y no interpongo mis intereses familiares ni personales. Estoy para beneficiar al prójimo, y no para perjudicar a mi hermano. No busco riqueza para morir entre millares de ángeles, busco amigos sin dinero para que se acuerden de mí cuando ya no esté con ellos. Mis manos están para levantar al caído, y no para aplastar al débil. El pan que gano con mucho sacrificio lo comparto sin hipocresía, y quien me ofrece un bocado lo recibo con amor. El conocimiento que he adquirido, es para guiar e iluminar aquellos que no tienen las mismas posibilidades. La sabiduría que poseo, no es para condenar al ignorante sino a la ignorancia. El poder que tengo, no es para humillar sino enaltecer al humilde. Dispuesto a responder cualquier llamado que la nación pidiere. Apto para atender lo que el pueblo clamare. Preparado para cumplir la misión que Dios me encomendare. Capacitado para solucionar, y no para complicar más de lo que ya está en la vida. Siempre lucho por marcar la diferencia entre el bien y el mal, para que otros puedan ir tras la excelencia. Hay que ser diferente en una cosa y coincidir en otra, para que la compatibilidad haga bien su trabajo.

23
Buscando Respuesta

Érase una vez, que una familia de cinco miembros, vivían en una choza muy pobre, lejos del bullicio moderno. Apartados de todo ruido y contaminación que se pudiera imaginar provocado por el mismo hombre. Carecían de reloj mecánico, manual o electrónico. Los animales del campo y de casa, marcaban el tiempo en las mañanas, medio día y en las tardes. Comían de los frutos del campo sin químicos, sin alteraciones, los cuales permitía vivir más tiempo y saludable. Por la extrema pobreza, la familia decidió ir a la ciudad en busca de mejores oportunidades, para la educación y bienestar de los hijos. Sin conocer a nadie, las calles que; para ellos parecían inmensas carreteras, comparado con las veredas y terracerías al cual estaban acostumbrados. Meses después, el hombre encuentra trabajo en una casa particular, compuesta por una familia de dos hijos, un niño y una niña. Por ahorrar dinero, el hombre prefirió caminar dos horas, de su casa, a su trabajo, así tener dinero para los gastos de su familia. Unos años más tarde, el hombre fue familiarizándose con personas que se encontraba en el trayecto de su caminar. Platicando acerca de sus raíces, conversando acerca de su trabajo, lo bien que se sentía en la ciudad. Al ver a sus hijos crecer con más posibilidades de progresar, aunque desde el principio de su vida matrimonial no fue muy agradable, pero hacía el esfuerzo que todo marchara bien entre ellos. Pronto se dio cuenta la esposa de ese hombre, que su marido llegaba tarde por las zorras del camino, ella les decía a sus hijos, que el papá tardaba en llegar a la casa por una zorra. Conforme iba pasando el tiempo, los niños crecían con la idea, de que en la ciudad, también había animales feroces. El niño más pequeño que trajeron desde la selva unos meses de nacido, un día acudió a su mamá para preguntarle, mamá; ¿Qué es una sorra? La mamá responde sin pensar mucho, es una mujer que se mete en medio entre tu papá y yo, es una ofrecida que presume ser bonita, bien vestida y bien peinada. Es alguien que se roba el novio o el marido de otra mujer. Al día siguiente, el niño va con su papá y hace la misma pregunta, a diferencia de que el papá se puso a pensar por unos segundos, "zorra", y responde. Es un animal que vive en los montes, sale en las noches en busca de comida y agua. Caza pollos, gallinas, y otros animales silvestres. También, come los frutos de las cosechas, como elotes, entre otros sembradíos del campo. El niño hace la siguiente pregunta, y ¿Por qué mi mamá dice que es una mujer? Ah, es que tu mamá piensa que todas las mujeres son iguales, por ejemplo; yo tenía mi novia que vivía en otro pueblo y la amaba mucho. Teníamos planes para casarnos y hacer una gran fiesta con nuestras familias. Algunas veces ella vino a buscarme a mi casa, pero mi familia les decía que yo estaba trabajando lejos. Que no había podido ir a verla, que esperara un tiempo, si no llegaba pronto, ella tenía el derecho de enamorarse de otra persona. Cada vez que me dirigía hacia mi amada, tu mamá siempre salía en mi camino, muchas veces no llegué con mi amor. Día y noche estuve pensando en mi gran amor, preguntándome qué pensaría de mí. Como se sentiría al no verme, al no sentir mis besos y mis abrazos. Poco a poco me fue conquistando tu mamá, hasta que la hice mi novia, muchas veces no llegamos a casa y luego nos casamos, al poco tiempo nacieron tus hermanos, por último llegaste tú. Así que hijo mío, cuando una persona habla y se refiere alguien, está hablando de sí mismo.

24
No Somos Todos

En el camino de la vida, nos encontramos para entender y comprender lo que sucede en nuestro interior. Nos permite ser los mejores compañeros y amigos. Los confidentes en lo más íntimo, lo oculto del pensamiento, y del sentir humano. Siempre estuvimos unidos por encima de la crítica social. De los chismes quienes se morían de la envidia porque no podían hacer lo mismo. Nos cubrimos de cualquier embate fulminante que nos rodearon como fieras salvajes. Formamos un equipo de trabajo, un grupo de estudio para obtener fortaleza contra los ataques infernales de propios y extraños. Nos identificamos como la bella y la hermosa. Compartimos una mesa como familia, un plato y nuestros alimentos para todos. Nos abrazamos como locos enamorados. Reímos de tristeza y de alegría, disfrutamos todo como verdaderos novios. Lloramos como fieles hermanos. Compartimos nuestra gratitud y desgracia. Peleamos y discutimos como esposos. Por lo que somos, estrechamos nuestras manos para contentarnos y volver a empezar como si no hubiera pasado nada. Nos apoyamos incondicionalmente en medio de las múltiples adversidades. Nos perdonamos las mínimas o grandes ofensas. Cada quien vive su mundo, pero pendiente de cómo estamos en nuestra respectiva morada. Todos fuimos alumnos y maestros de la vida diaria. Nos consideramos más que amigos, aunque en nuestras venas corre sangre diferente. Nos procuramos sin maldad, cuando estamos juntos o en distancia. El respeto nos distingue, los valores nos exaltan, y la dignidad nos corona. La lealtad es de alta estima, y nunca fueron pisoteados nuestros derechos. Las diferencias que tuvimos, fueron insignificantes, y mayores los acuerdos. Nos llevamos lo que muchos no tienen. El respeto de compañero. La admiración de lo que somos. El reconocimiento de lo que hacemos. El valor que representamos en nuestras vidas. El sentir que nos guardamos sin prejuicio. La fortaleza y la confianza que nos inspiramos. Si la vida nos permitiera elegir de nueva cuenta, seríamos los mismos viendo hacia la excelencia. Más el tiempo, es y será nuestro fiel testigo. Y en nuestra memoria, una inolvidable historia.

25
Realidad Negada

Detrás de cada matrimonio, hay un disfraz perfecto para aparentar ante los ojos del mundo que todo está bien en esas dos vidas. En medio de ellos, hay una palabra dañina que hace bajar la vista; soy tu Esposa o Esposo, por eso te exijo, te pido y me rindas cuentas de todos tus actos. Por obligación o por compromiso, hay una frase engañosa, con el de; te quiero y te amo, por eso estoy contigo. Con tal de no ser descubierta la realidad, hay una actitud fingida de amabilidad, de respeto y de comprensión mutuo. Frente la sociedad y la familia, hay una felicidad falsa para evitar el juicio, la crítica inflexible y la condena social. Por mantener la fama, el prestigio, la admiración de grandes y pequeños, hay una alegría ficticia que refleja en el rostro y confirma la sonrisa faltica inevitable de ambos. Una sonrisa como el arco iris provocado por la neblina. En sacrificio de la verdadera felicidad, hay un solo objetivo y una sola meta a lograr. Quedar bien con la sociedad, y tener contentos toda la familia, así pase y vengan otras generaciones. Parece que es una sentencia y un absoluto mandamiento divino, recordando el juramento en presencia de un líder religioso, porque de Dios no puede ser, ya que Dios no está en el templo, sino a lado de cada ser humano y en cualquier lugar. Que, a la vez, Dios no obliga a nadie permanecer en el seno de una farsa familia y un hogar engañoso.

26
La Imagen

Eres muy bella pero tu corazón está vacío.
Luces muy hermosa, más tu alma sin compañía.
Tienes cuerpo escultural y no hay quien te valore.
Provocas admiración sin sentirte plena.

Tienes todo perfecto, pero solo te ven como un objeto.
Miras muy alto cuando tu destino está en el suelo.
Hoy puedes ser recordado y mañana olvidada.
El día que te vayas, unos llorarán y otros se alegrarán.
Tu sonrisa es de felicidad más tu rostro es de tristeza.
Proclamas triunfo mientras ocultas fracasos.
Muestras gran cariño, pero vacía de amor.
Brillas como el sol y oscuridad hay en tu interior.
Relumbras como la luna mas no tienes a quien alumbrar.
Rodeado de la multitud con la casa abandonada.
Eres un total engaño para quien verdaderamente te ama.

27
Fuerza Invisible

Cuán confortante son tus palabras, cuando me dices, te amo. En mis oídos resuena tu voz de cariño al decirme, te quiero. La ternura de tus gestos que relumbra en tu semblante, siento un ángel guardián en mi vida. La sensación que brilla en tus hermosos ojos, se alborotan mis entrañas porque no pueden soportar la transmisión de tu energía. Al entrelazar nuestros labios, en mis venas corre la pasión del amor perfecto. En el roce de nuestra piel hierbe la sangre acelerando el palpitar de mi corazón. El hermoso afecto que inyectas en mi cuerpo, revive la plenitud de mi alma. Eres mi hombre de acero que me defiende y me protege. Eres mi caballero de barro porque me tratas como un vaso frágil. Eres mi respiro y mi aliento de vida al sentirte cerca. Un arroyo nos esconde y una cueva nos oculta. El correr del manantial nos cubre de gloria. El palpitar de nuestro corazón salta de felicidad hacia el vacío sin fondo. Oh, hombre de mi vida, eres mi fuerza y voluntad.

28
La Otra

Con la primera fue fácil cruzar la frontera, porque no me costó ni sabía nada. Corrí por todos lados, tanto adentro y fuera de la casa. Con ella he vivido los deleites de la carne sin límite. De placeres me ha cubierto, de orgullo me ha coronado, porque es tierna, amorosa con la libertad de hacer lo que yo quisiera. Por ella, no quise oír quienes me hablaban de Dios, porque para mí era una locura. La gente que me hablaba de la Iglesia, los juzgué como locos y tontos. Las personas que me amaban, siempre hablaron de un creador. Muchos llegaron tocar mi casa para que estuviera más feliz. En cambio, seguí adelante y ella me consiguió muchos dioses, quienes se convirtieron mi prioridad y mi adoración. Complacer a mi familia y a la sociedad, olvidando mi propia vida. Atender a mis amigos, aunque los míos estuvieran desamparados. Ser puntual y cumplidor en mi trabajo, dejando un lado mis seres amados. Buscar y mantener la fama a costa de todo. Conservar el prestigio sin medir las consecuencias. Acumular la riqueza y la abundancia, siguiendo mi camino espinoso. Andar por todo el mundo, para encontrar la plenitud de la felicidad. Entre tanto, fui pobre, aunque me llené de dinero sin la ayuda de nadie. Tantas oportunidades llegaron en mis manos que los convertí en columna vertebral de mi existencia. Muchos privilegios bajo mis pies que arrastrados fueron por mi poderío. No levanté la vista al cielo porque me creía como un ángel. No escuché la voz del invisible, porque mi dios era ella, la primera. Mis ocupaciones y compromisos, fueron más grandes y urgentes. Pensé que Dios no estaba conmigo al experimentar cada una de las desgracias. Mejor cuestioné al creador, por qué me sucedían cosas malas, los cuales no eran de mi agrado. Además, pensé que, para Dios, yo no existía ni para mis seres queridos. Muchos me amaron con sinceridad y otros me odiaron de todo corazón. Ahora, estoy frente la otra, que su amor es más grande del o imaginado. Quien estuvo y ha estado presente a mi lado, sin quejarse ni decir nada. Solo dispone a levantarme con cariño, en la primera caída que tenga, espera pacientemente cuando llegue mi hora para abrazarme con ternura. Me sigue a todas partes, vigilando mis pasos, observando mis acciones. Estoy consciente que con ella todo es, y será diferente cuando esté en sus manos. Cuando me dé la bienvenida, cuando abra la puerta donde vamos a estar eternamente, ofreciendo paz y tranquilidad. La otra me quiere y me ama, aunque muchos desprecian o hasta la maldicen, no se rinde ni me abandona. La odian y la insultan, pero no se ofende ni se queja porque nadie puede estar con ella. Una vez que me lleve de este mundo, jamás habrá regreso para vivir con rectitud y corregir los errores. La otra, es de una sola palabra y de una sola decisión. Es una compañía universal sin distinguir ni respetar edades. Para ella, no hay cultura, nivel social ni categoría. Ama por igual, está dispuesta recibir al primero que caiga y abrazarlo con afecto. Hacer fiesta con sus demás acompañantes. Silenciosamente se acerca y no se cansa de insistir en su propósito. Pocos hombres o mujeres la aman, la respetan y la aceptan con agrado. Cuando muchos escuchan su nombre, sucumbe el temor, el miedo, la desesperación, la confusión y el arrepentimiento. Porque la otra, no es de carne y hueso. La otra del que hablo, es la muerte que nadie puede evitar, y debes estar preparada o preparado para ir con ella. Una vez que te tome de la mano, jamás te soltará hasta después del fin del mundo, conocido como el juicio final ante el trono Dios. La otra, también merece respeto, amor, cariño y un bueno trato.

29
Más Que Ellos

Levanta la vista al cielo, y encuentra un ave volar. Su mundo es el espacio infinito, y su eterna morada es el árbol. Un día tuvo nido, otro día, las ramas. Aprendió volar sin ayuda de nadie. Se cayó muchas veces, pero no se quedó en el suelo. Encuentra una estrella que te guste. Observa si camina sabiendo que no tiene pies ni manos. El sol cada día sonríe, aunque no tenga sentimientos ni emociones. El resplandor de la luna, es la continuidad de la vida. Cada veinte y ocho días, se renueva para alumbrar mientras unos descansan y otros trabajan. Tu vida es como el sol porque no hay quien lo detenga. Tu descanso como la luna donde todo debe estar tranquilo y en paz. El ave solo pisa la tierra cuando es necesario. Los otros tres, se mantienen en el espacio como dueño y amo del mismo. Y tú, por qué no te puedes levantar por las pequeñas caídas que has tenido, si estás en tierra firme y eres dueño de tu vida. Pues, no te quedes en el suelo, levántate y alégrate con lo que tienes. Como el sol que emite fuerza. La luna que infunde paz. La estrella que promete esperanza. El ave que canta y vuela todos los días sin pensar en el mañana. Vive como ellos, disfruta cada oportunidad que tengas porque no sabes, si mañana vives o mueres.

30
Los Hijos

Tuve muchos hijos preciosos,
Que de lejos vi hermosos.
A su suerte los abandoné,
Que ni a mí mismo me perdoné.
Crecieron con muchas limitaciones,
Y fui tras las ocupaciones.
No supe ser su amigo,
Por eso no están conmigo.
Fueron muy pocos los tiempos compartidos,
Para ellos muchos días perdidos.
En sus rostros brilló la inocencia,
Mientras en mi semblante pura incongruencia.
Muchos están en el mismo sendero,
Desconocen y niegan el amor verdadero.
Te recomiendo que seas un buen padre,
Como también una buena madre.
Vive como ellos, sin ningún resentimiento,
Entrega el amor y el buen sentimiento.
Esperan mucho de ti que no es dinero,
Cada oportunidad que tengas, dile; te quiero.
Ámalos como tu propia vida,
Y no los confundas con comida.
No son vanidosos ni avariciosos,
Únicamente son cariñosos y amorosos.
Recibe y valora lo que hoy te dan,
Aprovecha los días de vida que te quedan.

31
El Viaje

Viajar en tiempos y espacios, es una gran fortuna. Transitar en caminos múltiples, es vivir la libertad total que otros no tienen. Las veredas marcan las huellas para no caer en los mismos vacíos. Recorrer amplias brechas, sendas y pistas en busca de un futuro mejor. Grandes pueblos, ranchos, campos, haciendas, colonias y ciudades me dieron la bienvenida. Multitud de casas, chozas, cuevas, túneles, edificios, castillos, mansiones y fortalezas, me recibieron con agrado. Al mismo tiempo, ríos, lagos, playas y mar se opusieron para continuar mi rumbo. Fuertes torrentes y vientos soplar, intentaron desviar mi destino. Huracanes y tornados llegaron para destruir mis logros. Las olas del mar, me envolvieron, queriendo llevarme ahogado. Muchas luces engañosas, sobrevolaron los espacios para no dar contigo. Obscuridad y sombra me rodearon para terminar con la esperanza. Enormes desafíos aparecieron que infinito parecía llegar donde estás. Me he visto en buenas oportunidades, mas no pudieron detenerme. Los malos momentos me motivaron a continuar con mayor ahínco. A la mitad del viaje, gran batalla para elegir entre miles opciones. Peor es quedarse en el vuelo y mejor es aterrizar para siempre estar contigo.

32
Mi Madre

Madre mía, tan hermosa,
Mamita de mi vida tan preciosa.
No llores por lo que ya pasó,
A lo mejor él ya se casó.
Mi bella mujer del universo,
Ríete con mi simple verso.

Cuando te veo llorar,
No te puedo consolar.
Ya no pienses más en el pasado,
Para que no me dejes espantado.
Adorada y princesa mía,
De nosotros hoy es el día.
La noche está por llegar,
Para lo que nos vamos a entregar.
El mundo es de nosotros,
Vivámoslo lejos de otros.

33
Tu Nombre

Entre la abundancia de la vida, tu nombre; es Perla, para llamarte Bella. De la multitud, tu apellido; es Flor que luce el campo descolorido. Te conozco por hermosa por adornar mi existencia. Tu sobrenombre, es preciosa que sólo te puedo decir bonita. Tu apodo es rosa roja cual señal del amor perfecto. Te veo como estrella inalcanzable porque guías mis pasos para llegar a mi casa. Tu cama de blanca lana me hace descansar confiadamente como bebé. En sublime nube viajar con tu perfume de Jazmín, es mi placentero honor. Linda paloma blanca, me transportas sobre montes y valles para tener una experiencia incomparable. Cada día brilla la luz al volver en sí. Cuando estoy en ti, la fragancia de Almendra me cubre de gloria. Mi reposo en tu seno de algodón, empieza la hermosa eternidad. Pasan los tiempos que la vejez huye de ellos. Mi secreto infinito, es no revelar tu verdadero nombre porque es mi único tesoro.

34
No Puedo

Una y otra vez, trato de olvidarte para siempre.
Intento no recordar lo que vivimos juntos.
Con todas mis fuerzas, procuro no pensar más en ti.
Lucho por no extrañarte tanto, y creer que no me haces falta.
Hago el sacrificio no desearte más.
Deseo no hablarte ni preguntar cómo estás.
Anhelo odiarte con todas mis fuerzas.
Con el alma despreciarte sin misericordia.
Con el espíritu no percibir tu energía.
Quiero ir muy lejos, para no encontrarnos en ninguna parte.
Espero convencerme, que nunca nos conocimos,
Como tampoco que un día nos tuvimos.
Jamás recordar los momentos maravillosos,
Que compartimos en un solo lecho.
Pongo todo mi empeño dejarte en la historia.
Me dedico borrar los recuerdos en mi ser.
Busco convertir de día, las oscuras noches,
Cada vez que me acuerdo de ti.
Miro al cielo, para que te quedes abajo.
Por todos los medios habidos y por haber,
He tratado guardarte, y encerrarte en el olvido.
Pienso que no existes ni que eres real,
Sentir que sólo eres una imaginación perfecta.
Una ilusión de mí desviado sentimiento.
Una ficción en mi triste memoria.
Una fantasía en mi pobre existencia.
Tus lindos labios y; tus encantos no quiero recordar.
He buscado sin cansancio encontrar alguien mejor que tú.
En ningún momento quiero tenerte, y no deseo estar contigo.
Pero no puedo, y no sé, hasta cuándo te voy a dejar de amar.

35
Juicio Celestial

Un día en el trono divino, fui acusado por los delitos de adulterio, robo, fornicación, mal trato, desobediencia, infidelidad, injusticia, y de todo tipo de delitos legales, sociales y religioso. Ante el supremo juez, y frente el jurado, veo desfilar los testigos, unos vestidos de blanco y otros de negro. Testimonios a favor, y también, en contra. La liberación del jurado concluye, nos declaramos incompetentes. Era el momento de desahogo de pruebas en su máxima expresión. Su majestad da lugar, el fiscal tiene la palabra. Sin pensar y perder el tiempo. El fiscal con el rostro arrogante, el semblante resplandeciente de triunfo; airadamente presenta sus conclusiones pertinentes diciendo; aquí se ha demostrado con pruebas fehacientes de los testigos y de las víctimas, que: Conforme lo establecido, todo aquel que infrinja la Ley, es digno de muerte, por lo tanto, Señor Juez y miembros del jurado; Solicito la pena de muerte del acusado, por los delitos cometidos desde que tiene uso de la razón hasta el día de hoy. No tiene derecho a fianza ni derecho a un abogado.

Evidentemente todas las pruebas estaban en mi contra, y no había nada qué hacer ni qué decir. Su señoría ordena, que se ponga de pie el acusado. Apoyándome con mis manos sobre la meza, estando de pie, observo un silencio total, y me pregunta su majestad; ¿Usted tiene algo que decir en su defensa, y de todos los cargos del que se le acusa? Luego de un profundo suspiro, respondí, no Señor, no tengo nada que decir. Inmediatamente, en la puerta principal de la sala del juicio, se oye la voz de un hombre, con eco resonante, diciendo; Pero yo si tengo qué decir, lentamente se abren las puertas de par en par, para dejar pasar a un total extraño. Sorprendidos los testigos, el jurado y el mismo juez por la aparición del hombre. Todos se ponen de pie a la expectativa de ver, y escuchar el final del juicio. El juez ordena, pasa aquí enfrente, díganos quién es usted, y cuál es su nombre. Su señoría y miembros del jurado, éstas son mis identificaciones. Yo soy el hijo del hombre del que hablaron los profetas hace miles de años. Yo soy Jesús que nació en un establo y me pusieron en un pesebre. Yo soy el verbo, del cual adquieren sabiduría. Yo soy el camino, para llegar a la eternidad de la vida. Yo soy la vida, para quien no quiera morir en pecado, y ser inocente de toda culpa. Yo soy la verdad, para que no sean condenados injustamente. Con todo lo expuesto, soy el abogado defensor de este acusado, y éstas son las pruebas. Hace más de dos mil años, Yo fui juzgado por sedición, y por ser el hijo de Dios. Fui condenado a muerte, y muerte de cruz, donde derramé mi sangre para pagar toda la deuda del acusado. Tres días estuve bajo tierra, para liberar también los que ya no estaban en el mundo. Pero el primer día de la semana, resucité para velar y cuidar quienes han venido a mí. Hoy pregunto a ustedes, ¿qué autoridad tienen para condenar a alguien que no conocen? ¿Alguien de ustedes ha muerto por salvar a su amigo, y después resucitar? Mi sangre derramada en la cruz, ¿no es suficiente? Sepan todos ustedes, que; Tengo las llaves de las cárceles, y de la muerte misma. Tengo autoridad en el cielo, y en la tierra, por lo que solcito que el acusado sea absuelto de todos los cargos presentados. Se ordene la inmediata y absoluta libertad de mi defendido, porque todo está pagado con mi muerte. En ese momento, supe que era mi abogado, y que desde mucho tiempo, seguía mi caso esperando que acudiera a él. No lo busqué antes, por temor o miedo del juicio condenatorio del prójimo, de la familia, del trabajo y de los amigos. Ganó mi caso, y me tomó de la mano hacia la puerta de la libertad. Sus recomendaciones fueron; ten cuidado de los hermanos de la iglesia. Cuídate de tus hermanos sanguíneos. De los grandes predicadores, evangelistas y hombres de renombre que solo buscan su propia gloria. Tus acusadores eran quienes ayudaste en su matrimonio. Le diste apoyo moral, espiritual y económico. Quienes acudieron contigo, para pedir ayuda, consejo, sugerencia y algunas veces, te desvelaste por ellos. Son los mismos que te envidian, te acusan por no apartarte del camino de Dios, y saben que tus pecados son incontables. Más ellos no ven los propios que están insertadas en sus cuerpos, y sus mentes. Grabadas en sus corazones, que nadie podrá borrar. Ahora, que estás libre, permanece en el camino correcto. Al final de tu vida, sólo espera la sentencia de Dios, y no de los hombres.

36
Espejo

Estás tan cerca, que no te puedo sentir.
Estoy frente a ti, que no te puedo tocar.
Te oigo decir mi amor, sin que me hables.
Siento el calor de tu cuerpo, sin que estés conmigo.
Respiro tu perfume, sin tenerte a mi lado.
Acaricio tus hermosos cabellos, en el vacío de mis brazos.
Te dejo ir sin soltarte, y permaneces intacta en mis manos.
Tu distancia me hace sentir el contacto de tu delicada piel.
No puedes sentir mis besos ni responder mis abrazos.
Estás muy lejos, que vas donde quiera que ando.
En mis sueños, tu mirada de amor brilla como diamante.
Te veo en el pasado para sentirte en mi presente.
En mi soledad, el eco de tu voz, es mi perfecta compañía.
Tu sombra, es neblina en mí caminar.
Cuando digo, te extraño, contestas; no me extrañes amor.
La dulzura de tus lindos labios, no existe más.
Y mi martirio, es que vas y vienes en ocasiones.
Pero el calor de tu ausencia, cómo me hace falta.

37
Caja Fuerte

En la inocencia, está protegida la dignidad,
Y en la niñez está guardada el privilegio.
En la adolescencia, está el sublime poder,
Y en la juventud, está la sabiduría fugaz.
En la madurez, está el conocimiento adquirido,

Y en la edad avanzada, está la experiencia comprobada.
Entre cuatro paredes, está la información infalible,
Mientras en el patio, está la verdad absoluta.
En el campo florido, está la práctica,
Y en cada caminar, se adquiere la experiencia.
En el saber de hacer el bien, está la culpa,
Y en el decir la verdad, está la libertad.
Todos forman un valor, y una fortuna,
Si se guarda en cada vida del ser humano,

38
Agradecimiento

Fortaleza has sido para mi vida, y esperanza viva para mi futuro. Libertad me diste para crecer y la formación en mi niñez, la independencia. Como brote otoñal mi juventud, que imposible pudo haber sido sobrevivir sin ti. Desde hoy en adelante, te veo y te veré con honorabilidad, anhelando llegar a ser tan eficaz como tú. Desarrollar, guardar y compartir lo aprendido de tu enseñanza. Siempre estrechar mis manos, para con los más necesitados sin esperar nada de ellos. Me condujiste a un elevado camino, para alcanzar lo que ahora soy. En agradecimiento, me toca hacer lo mismo contigo. Mientras vivas cerca de mí, he de gozar la felicidad con los rayos blancos a la que muchos le tienen miedo. Eres muy especial para mí existir, también los que están lejos, que te aman desde donde contemplan, y admiran tu gran experiencia. La vida compartida, y los años entregados a mi existencia, tu lucha y esfuerzo, no fueron ni han sido en vano; porque dieron buenos frutos. La plataforma que hoy piso, se debe a tu dedicación, tu entrega total. Por lo que, te agradezco con todo mi ser.

39
Como Pulpo

Siglos han pasado y siglos vendrán. Generación tras generación, prevalece su implacable rudeza. Su insaciable ansiedad, domina a los débiles, a los desamparados oprime. A los fuertes complace sin restricciones, a los poderosos tolera sin límite. Con los acaudalados se sienta para comer, con sus cómplices bebe vino. Con los delincuentes, hace pacto. Con los avariciosos, se junta en secreto. Con los traidores, se protege. Tiene una personalidad, que se adapta a todo nivel social, penetrando en lo más profundo de cualquier categoría de vida. Sus tentáculos alcanzan hasta el último rincón de la tierra. No hay lugar donde no tenga presencia. Subliminalmente, se introduce en los tuétanos de sus seguidores, cómplices y víctimas. Convence con astucia a sus verdugos, para luego no liberarlo ni soltarlo tan fácilmente. Hace miles o millones años que nació, fue bautizado con dignidad, con elegancia, como oro preciado para los pudientes, quienes por un momento creyeron ser dueño de la vida. Se resiste dejar y abandonar sus crueles prácticas en perjuicio de muchos, y en beneficio de unos cuantos. La Esclavitud, sí; me refiero la esclavitud. Era la causa de la muerte con cadenas, látigos, fuego, mutilaciones a los indefensos, y a los caídos. Todos los gobiernos, jerarcas, reyes, príncipes, clérigos, grandes, pequeños, pueblos o países del mundo, combaten con gran vehemencia, pero la tienen en la mano para hacer uso de ella. La estrategia, el método, y la forma, ya no es lo mismo, pero la esencia sigue intacta. Gracias a la modernidad del hombre, ha adquirido un sin fin de nombres nuevos, y como título universal; actualmente se llama: La Constitución. De ella emana las buenas intenciones, los buenos planes o los buenos deseos, para proteger a todos por igual. Pero desafortunadamente, bajo sus alas están los feroces y devoradores del bienestar, del respeto, de la protección, de la justica, y el derecho de vivir mejor. La ley, el reglamento, el código, cual todos proclaman como bandera de triunfo, sin dejar un lado el desarrollo humano, el avance tecnológico, científico, académico y gubernamental. Es la nueva forma de mantener esclavizado a la humanidad, desde que nace hasta que se muere, aún después, es perseguido el individuo por quienes están vivos. Su presencia y su poder, existirán en todo el mundo. En la vida actual, es de aparente generosidad, cuando en realidad, es una trampa silenciosa, omitiendo algún sonido sospechoso. Se disfraza de un gran consolador, con una promesa protectora, pero es un total engaño. Basta agarrar una pluma, un lápiz, una gota de tinta, un papel dónde plasmar la firma, las huellas digitales, el sello o las iniciales de los nombres. Estableciendo así, una identidad infalible, una sentencia de esclavitud indefinida. (Observa dos ejemplos, tienes una casa, debes pagar el valor catastral, no importa si tienes con qué pagar o no. Para que te den trabajo, debes firmar documentos, y de ellos, recibirás los supuestos beneficios). Con ella se garantiza la muerte, en el sentir, y en la moral del hombre. Se establece los límites de los débiles, y los abusos de los poderosos. Se encuentra en todas partes de la vida, aún sobre quienes están en camino. No hay hombre ni mujer que se libere de ella. La sociedad de bajo nivel, no es respetado. Es una minoría que se beneficia, saca provecho de ella temporalmente, mientras para la mayoría del ser humano de todo el universo, es una espada que hiere, que mata lentamente hasta terminar con la fuerza, la voluntad de cada ser viviente, haciendo fenecer todo en silencio. Posee nombre elocuente y de categoría, hecho a la medida para quienes lo tienen a su alcance. Para los súbditos y feligreses, es convertida como epidemia, plaga, virus o hasta como microbio que, difícilmente es detectado el daño, el perjuicio que ocasiona al desamparado. Frente los ojos de muchos, pasa desapercibida con su espada y veneno fulminante. Es honrado y enaltecido, con fervor en tribunas de alta estima. Proclamado como triunfo y corona máxima de una lucha incansable, a costa de sacrificios de miles de vidas, por la vía mental, psicológica y de toda índole. Cuando algunas veces, sus creadores son alcanzados para rendir cuentas, ellos tienen las llaves, la espada desenvainada, la técnica para mutilar, cerrar el candado y burlarse de ella. Quienes no están en el círculo del poder que predomina en el mundo, con el poder del dinero, de la influencia, dentro y fuera de la religión. Siempre estarán sujetos a pagar la culpa, siendo inocentes, purgarán los delitos ajenos, estando libres. Terminarán sus vidas bajo el control de las potencias económicas, empresas, industrias, científicas y políticas. No hay poder humano que pueda cambiar la ruta, la dirección, el rumbo, y el destino del tal pulpo, porque todos deben conducirse bajo esa nueva Esclavitud que; hoy se llama: La Ley.

40
Mi Amor

Dos grandes razones tengo para ti, que te llenará de delicia.
Dos lámparas disponibles, para contemplar tu hermosura.
Dos rebanadas de sandía fresca, para que endulces tus labios.
Tendida está la sábana de seda, para volar envuelto en ella.
Un edén reservado y una dulce fuente, para calmar tu sed.
La alberca está fresca, para nadar y sumirnos a la profundidad.
El vapor como nube sube desde el sur, para cubrir las montañas.
El sol se oculta de alegría, y la luna se ríe de felicidad.
Las estrellas brillan de placer, y los ángeles cantan de gozo.
Pasos se oyen en el espacio, sin que nadie camine sobre el suelo.
Voces entendibles, y sin palabras el eco de la pasión.
¡Oh!, eres tú; el amor de mi vida, el dueño de ser.
Qué maravilla es tenerte conmigo, para olvidar mi existir.

41
El Desconocido

No fui un gran predicador ni poeta de renombre. No fui un buen alumno, menos un gran maestro. Ni arquitecto ni diseñador, todo lo hice como pude. No supe caminar derecho que imposible enderezar a otros de sus equivocaciones. No tuve riqueza ni abundancia, solamente, pobreza y carencia extrema. Soñé vivir en palacio del rey, más obtuve una choza. En grandes ciudades quise vivir, llegué entre cerros, montes y cuevas. Sabiduría busqué, y encontré ignorancia. Tras la inteligencia fui, y alcancé la negligencia. Cuando quise ser maestro, me convertí un aprendiz inepto. Nunca hice preguntas, me dediqué a dar respuestas preocupándome por otros. ¿Alguien se preocupó por mí? El Todopoderoso. Siempre llegué temprano para empezar tarde. Trabajé de doctor sin saber de medicina. Ningún título en mecánica automotriz ni electricista. Tampoco de plomero, carpintero, albañil, barrendero o limosnero. Pero de cada uno sobreviví, tuve gran placer, satisfacción al ejercer con toda dedicación y entrega. La vida me graduó, y no las instituciones académicas. Me vieron muy alto y grande, cuando era el más pequeño e insignificante en el mundo. Muchos creyeron que era hecho de acero, cuando mis entrañas eran de barro endeble y frágil. Pensaron que era un ser perfecto e infalible, siendo el más débil y sin vida. No fui un ser especial ni admirable. Fui y soy simplemente alguien, que expresa sus ideas, y trata entender los sentimientos de los demás.

42
Perfecta Voluntad

Yo no sé cómo eres tú, pero yo fui creado perfecto. Hecho para hacer mínimos cambios en mí ser. Dotado con mil habilidades que nadie puede agregar ni quitar lo que tengo, y lo que soy. Mi personalidad es única. Me gusta ser apoyo y no una carga. Soy de sentimiento frágil. De carácter implacable contra el mal y flexible con el bien. Tolerante quien reconoce su error. Tengo sueños a realizar y no ambición. Me defiendo de la opresión y de la prepotencia. La altivez, es mi peor enemigo. La humildad mi fiel compañero y amigo. Veo el futuro con optimismo y al pasado observo con mucho cuidado. Vivo el presente sin el afán del mañana. Mis sentimientos y emociones domino siguiendo mis propias reglas. No admito que se metan en mi vida, tampoco permito que me manden hacer lo que no me gusta. Me enferman las consideraciones y los tratos preferentes. Mi principio, es; servir sin acepción. Mi convicción, no estorbar a nadie ni en ningún lugar. Me planto en la avenida del amor. Me dirijo en las calles del cariño y del buen afecto. De la mano camino con la inteligencia. En el lecho de la sabiduría, descanso sin preocupación. Entro y salgo en la puerta del conocimiento. Me conduzco junto la absoluta verdad, a favor de los inocentes y en contra de los culpables.

43
El Negativismo

Ser negativo, aleja a la persona más querida o amada. Enferma a quien se le tiene confianza por tantas quejas y lloriqueos. Un negativo o una negativa, siempre recuerda el pasado. No porque haya aprendido algo bueno sino sigue arrastrando su historia oscura. Todo el tiempo espera que le complazcan y cumplan sus caprichos. No puede ver otras opciones ni encuentra otro camino. Culpa a los demás cuando los fracasos se presentan. Busca imponer su voluntad donde no debe ni se puede. Desea ser incluido o incluida en los planes y proyectos ajenos. Se escuda en el amor para recibir lo que no ha ganado. Piensa que siempre hace más que la otra persona. No puede actuar por si sola. Alguien tiene que estar motivándolos continuamente. El desorden de su vida refleja en la casa o en el trabajo. Cree que todos deben pensar y comportarse igual. Piensa que el amor divino es igual que al amor humano. De la negatividad, es mejor huir de ella. Pero más excelente, es irse lejos, y no dejar entrar en la vida.

44
Nada Mejor

Sentir la vibración de tu cuerpo, es como viajar en un avión sin alas.
Recibir la energía de tu ser, me hace revivir para un nuevo día.
Tu rostro resplandeciente, me transporta fuera de este mundo.
Contigo todo es felicidad, paz y gozo.
Al estar en tus brazos, olvido que existo.
Al escuchar tu voz, es la canción alegre cada vez que amanece.
Tu imagen es mi sombra y fortaleza, que nadie puede tener.
En tu llegada y salida, la puerta está abierta para recibirte sin preguntar.
Estoy para abrazarte con todas mis fuerzas,
Besarte con amor y darte la bienvenida con cariño.
La mesa ya está servida, y de la misma copa quiero beber el vino.
La sábana permanece intacta, esperando que lleguemos junto,
Para volar entre nubes y solares.
La flor se despierta con tu respiro, y la paloma vuela con el sonar de tus pasos.
Contigo el tiempo es muy corto, y tu regreso se vuelve eterno.
Las fuentes lloran y se estanca el agua, cuando no estás con ellas.
Bebe el agua cristalina, para que le des vida mi existir.
Los gemelos se ponen felices cuando estás cerca,
Con ternura te esperan para envolverte de honra y gloria,
Porque cabizbajos están sin ti y guardan luto con tu ausencia.

45
En Algun Lugar

La felicidad a veces puede estar en el desierto, en algún otro lugar conocido o desconocido. Sin que esté lejos o a corta distancia, camina sobre ruedas a punto de caerse.

Se encuentra en medio de la oscuridad sin compañía. Abandonado entre arena y piedras sin protección. Vagando como si estuviese perdido. Otras veces, está cerca sin ser tomada en cuenta. No toca suelo, no avanza ni puede volar porque no tiene alas. No hace ruido para no llamar la atención ni causar daño. Avanza con lentitud como si estuviera cansada, agotada e ignorada. Pero nunca pierde su esencia, su integridad, su honor, su lealtad y su autenticidad. Está rodeado de flores, a la espera quien quiera inhalar sus aromas. Cubierto de hermosas mariposas, con las melodías de las aves en las mañanas y tardes. Sólo un valiente, un atrevido, un arriesgado, un decidido lo puede alcanzar para tenerla en su vida.

Hay dos requisitos a cumplir, ser apto y ser digno para ella. Dos condiciones irrevocables hay que tener, jamás soltarla ni dejarla ir. Requiere un trabajo constante, cuidarla, protegerla, defenderla hasta con la propia vida. No hay forma ni manera de cambiar su ser, se tiene que aceptar tal como es. Complaciente para quien la trata bien. Inofensivo quien se deja alegrar. Amable, cuando es tratada con excelencia. Cariñosa, cuando es alimentada con reverencia. Perseverante quienes luchan por ella. Efectiva quienes le dan valor. Productiva quienes la trabajan con amor. Gran placer quienes llegan en su morada. Infinita satisfacción quien la encuentra para poseerla para siempre.

46
Alguien Importante

Iba un día caminando sin compañía. Tenía la absoluta libertad para disponer todo lo que quisiera y pudiera hacer. No iba en busca de alguien especial, pero se encontró con una mujer, bonita o fea, gorda o flaca. Al poco tiempo, empezaron a platicar y a caminar juntos. Mucho o pocas veces salieron a comer, pasear o jugar en algún lugar. De esa suerte, coincidencia o casualidad, aparecí en medio de su vida. Nací, crecí y luego me siguieron otros como también quienes habían pasado primero. Probablemente estaba muy ocupado en los quehaceres, por eso no estuvo presente cuando abrí mis ojos hacia el nuevo mundo. Tan pronto que supo y pudo llegar o quiso verme, me tomó en sus brazos, me dio mi primer beso, su caricia, afecto, su cariño y amor paterno. Esos fueron y son mis grandes regalos en la vida que hasta hoy guardo en mi corazón. Lo demás, no me interesa ni quiero saber, si fue poco o mucho la dedicación, la entrega y el cuidado que me brindó. Tal vez no fue un ser excelente y admirable. No fue perfecto e infalible. Pero sé que ahora vivo y que no me dejo morir. No soy nadie para juzgar, reprochar, condenar lo mal o lo bien que actuó. Comprendo que hizo lo mejor que pudo y compartió lo que tuvo. No me dejó tirado en la calle o en la basura, en enfermedad o hambre. Veló por mi vida, salud y bienestar. Llegó o hizo hasta donde le fue posible. Sus desvelos, preocupaciones, tristezas y alegrías, mostraron en su rostro. Por eso, hoy le digo con todo mi corazón, con toda mi alma y espíritu; Muchas gracias por ser mi papá.

47
Dónde Está Dios

Desde donde empieza la vista, hasta donde se deja escuchar el sonido, allí está Dios. Desde aquí hasta el fondo del horizonte, Dios mira todo movimiento aun inaudible. Debajo de lo blanco cual es la nube como alfombra o algodón, hay familias y pueblos que viven bajo la sombra Divina. La naturaleza en su conjunto, se alimenta de la fuente celestial. La creación entera exalta su grandeza, en cada recorrido que hace el sol y la luna. Dios camina y se pasea entre las estrellas, sobre espuma como de hisopo descansa. Desde lejos mira para resguardar a sus criaturas, de cerca para sostenerte, darte fuerza y vida. Dios está en tu respirar y en el latido de tu corazón. En el olfato y en el tacto de tu ser. Recorre tus venas y preserva tu existir. En tu sueño ordena tus pensamientos, y en tu despertar está, a la espera de tu agradecimiento. Porque fuera de Dios, no hay nada que se mueva por sí sola. Toda gira en las manos de él.

48
Contigo Basta

No necesito ninguna otra luz porque tus ojos alumbran mi camino. No hace falta aire porque tu respiro es mi aliento de vida. Sobra el castillo de príncipe porque tus brazos son mi fortaleza. Palacio de frey me estorba porque tu corazón es mi morada. Palabras elevadas y elocuentes no busco, solo quiero escuchar la del amor cual es el alimento para mi alma. No quiero morir contigo sino vivir a tu lado eternamente. No me regales flores que se marchitan sino las que permanecen grabadas en mi memoria. No cubras mi cuerpo con oro y plata sino de tus dulces besos y caricias que me hagan sentir fuera de este mundo. No me llenes de lujos costosos ni con diamantes envidiables, más lléname de tu amor puro y perfecto. Prefiero los escases de pan que estar llena de riqueza, para ahuyentar a los amigos, acallar a los enemigos y mantener lejos la familia. Contigo basta para ser feliz, y vivir bajo el mismo sol, es mi plenitud infinita.

49
Cardinales

En el norte del planeta, brilla la estrella de alegría. Desde el sur sube la fragancia de la bella flor. Al este nace la luz de la esperanza. En el oeste, está la frescura del espíritu viviente. En el centro de la tierra, está la felicidad y la vida misma. Es el lugar perfecto donde fluye leche y miel como manantial divino. Las fuentes endulzan y reviven los labios resecos. Las montañas se alegran cuando los valientes escalan sobre ellas. Cascadas y manantiales emiten música angelical. El eco de las voces, es como la canción de la aurora. Tan bellas como la misma naturaleza que no se puede vivir sin su presencia. Si faltara algo o una de ellas, sería el fin mundo. No hay donde ir ni a quien huir, porque todas son importantes para respirar e indispensables para seguir con vida en este planeta tierra.

50
Desde Lejos

Vez un abrazo y piensas que son amantes. Cuando pasan tomados de la mano, crees que son esposos. La mirada que se transmiten, imaginas que son homosexuales o lesbianas. Al escuchar la risa a carcajadas, deduces que están felices. Parecen decirse mi amor, te convences que son novios. A veces te preguntas, si dormirán juntos. Al ver que no es el esposo, clamas; ¡es el otro! Si no es la esposa, suspiras; ¡Dios mío! Aunque el beso haya sido en la mejilla, tú dices que fue en la boca. No estabas presente, pero afirmas que viste y oíste todo. La vez sentados en algún lugar, y concluyes que más tarde estarán en la cama. Eres tardo para entender, pero pronto para divulgar. Suspiras y te sorprendes lo que hacen otros, aunque no te perjudica y te beneficia. Quisieras hacer lo mismo que ellas o ellos, pero no puedes porque no estás a la altura. No tienes las agallas necesarias ni la seguridad en tu vida. Para eso, se necesita valor y atrevimiento. Si es preferible; se necesita no tener vergüenza. Mientras descubres qué es, mejor cuida tu vida. Vigila tus actos y movimientos que también te tienen en vigilancia. Párate frente un espejo para que te des cuenta lo mal que has vivido. Habla y no grites. Juzga y no condenes. A otros deja en paz y preocúpate por tu buen vivir.

51
Si Así Fuera

Si tus ojos pudieran alumbrar mi camino, tropezaría menos en las veredas tenebrosas. Si tus labios me pertenecieran, tendría dónde refrescar mi sed insaciable. Si tu cuerpo fuera mi casa, no viviría como un limosnero en las desoladas. Si tú presencia fuera mi hogar, no sería un ermitaño entre las cuevas aterradoras. Si tus cabellos me cubrieran como cascada, mi sueño sería placentera en mi pobre cama. Si tan solo te pudiera tocar, mis pies estarían en tierra firme. Si tu respirar fuera mi aliento, viviría feliz eternamente. ¿Me preguntas dónde están quienes me amaban? Se fueron muy lejos porque no sé amar como ellos esperaban.

¿Por qué se fueron de mi vida? Porque no encontraron lo que buscaban conmigo. ¿Que si tengo a quién querer y amar? Tengo cariño y amor, pero no hay quien pudiera amarme plenamente. Todos buscan sacar provecho a cambio de nada. ¿Que si te quiero por interés? No, no tengo interés de por medio, no me interesa lo externo ni lo físico, tampoco me importa los bienes ni las comodidades, si eso es lo que te preocupa y es lo que buscas; mejor sigue tu camino donde yo no te estorbe. Avanza hacia la libertad donde no me puedas ver para que no te distraigas. Si decidieras quedar y permanecer junto a mí, la felicidad es la única compañía que tengo y con ella, solo quiero sentir tu energía para seguir viviendo. Deseo inhalar el perfume de tu cuerpo para no desmayar. Anhelo correr en las venas de tu ser y visitar todos los rincones donde guardas mis secretos. Combinar lo que nos une y engrandecer la química viviente que nos tiene inseparable. Quiero tocar tu suave piel como de seda para sentirme cabal y afortunado.

Envejecer en tus brazos y dar el último suspiro entre la dulzura de tus labios. Si así fuera, habría valido la pena venir al mundo sin nada y regresar contigo a la eternidad como la corona de mí ser.

52
Sagrada Familia

La familia que tanto defiendo y que todo mundo ataca. Mi familia, que todos respetan y admiran. Que cada rato me mata, me sepulta y luego me revive cuando su conciencia no lo deja en paz. Esa es mi familia, que no me toma en cuenta, que no me quiere y ve mi existencia. Me preguntas, ¿quién es mi familia? No sé quién es o quiénes son ¿Cómo es mi familia? No sé cómo es o cómo son. Ni yo mismo me conozco, menos sabría de ellos. ¿Dónde está o están? Desde que tengo uso de la razón, no sé dónde están, si vivos o muertos. ¿Que si los he buscado? No quiero saber nada, por eso me cuesta trabajo recordar y hablar de ella. Pienso que posiblemente un día estuvo conmigo, quiero creer que un momento me amó, pero al cruzar la puerta hacia la vida, dejó de ser para mí y yo para ella. Porque antes de llegar al mundo, quienes componían el supuesto feliz familia, se fueron sin decir dónde iban o cuándo regresaban. No pienso ni deseo buscarlos para no encontrarme con la mortal desilusión. Además, no saben que existo y vivo. El tiempo ha cambiado todo para ellos y para mí. No recuerdo dónde fue la última vez que los vi. Prefiero seguir con mi soledad que no cuestiona, adónde voy o porqué llego tarde. No exige ni reclama lo que hago o dejo de hacer. La distancia es mi cómplice en la frialdad de mis profundos sentimientos. El desprecio es mi fortaleza para mostrar al mundo de lo que valgo. El odio, la razón de vivir para amar quien me ama. La condenación, mi libertad absoluta cuando me encuentran culpable. El aborrecimiento, mi motivo para querer quien acepte y merezca mi cariño. El rencor, me permite adquirir energía para enfrentar y combatir a todos los adversarios. El abandono es mi esperanza al final del día, porque todos mis amigos me dieron por muerto. Mis enemigos me tuvieron compasión y lástima. Voy caminando sin depender de nadie. Un fiel compañero tengo. Un buen amigo me tiende la mano. Su consejo es; vive para servir y sirve para vivir. Trabaja para vivir, también vive para trabajar. No te niegues amar cuando es debido. Miro adelante dejando el pasado donde mi recuerdo es oscuro. El presente me dice, si tienes tu familia y está contigo; disfruta su presencia porque pronto se irán de ti. Si sabes dónde están, emprende el camino para convivir con ella. No se te haga tarde porque algún día o en poco tiempo ya no lo tendrás. Es cierto que te trataron mal o te hicieron daño. Busca con fervor quienes verdaderamente valoran tu buen sentimiento. Si eres bien recibido, quédate allí. Con el intento que hagas en establecer relación, comunicación y convivencia, te habrás librado de una pesada carga en el hombro de tu alma. Aléjate de los vivos, vivos, y de los muertos, muertos. Es tu familia, pero ten mucho cuidado. Si te siguen tratando igual o peor, no pierdas el tiempo y regresa con los tuyos. Tal vez no lleven tu sangre o apellido y si te ven cómo eres; Da gracias al Omnipotente.

53
La Incompetencia

Tú no sirves para ser un buen esposo, como yo no estoy para ser una buena esposa. Tú no eres el compañero que yo esperaba, y no soy la compañera de tu vida. Los dos fallamos al no saber identificar el amor que nos pusiera en un solo camino a vivir. Confundimos el amor con el cariño y un buen afecto. El buen trato y la atracción fueron los cómplices de nuestra unión. Por esa razón cada quien vio por su lado y fingimos ante la sociedad. Nos ignoramos sin pensar. Nos herimos sin intención, nos golpeamos sin motivo con palabras, gesto, mirada y actitud. En riesgo está la felicidad de los hijos y en peligro de tener buenos ejemplos nuestros. No hay nada que hacer sobre el resquebrajamiento, intentar construir ruptura sobre ruptura, es prolongar nuestra agonía. El entendimiento y la comprensión, no se fueron ni nos abandonaron porque nunca estuvieron con nosotros.

Lo mejor es tratarnos como amigos para guardar los mejores recuerdos. Vivir como buenos hermanos para tendernos la mano si uno cayere al suelo. Una etapa difícil de superar que el tiempo es el único maestro que nos hará entender la lección que tuvimos. Habremos de compartir lo que no pudimos como esposos, hacer lo que no hicimos como hermanos. Fortalecernos como excelentes amigos, admirables compañeros y mejores vecinos. La sociedad se encargará de juzgarnos, los hijos se quedarán en duda. No fue la suerte que nos hizo fallar sino la falta de voluntad propia para construir un buen destino. El mundo nos condenará de fracasados, mientras Dios tendrá la última palabra.

54
Casi Nada

Lo que de ti me gusta,
Ya ninguno me asusta.
Me gustan tus lindos labios,
Porque tu apellido es Larios.
Me encantan tus hermosos ojos,
Y me provocan muchos antojos.
Me capturan tus preciosos encantos,
Que tu voz entona bellos cantos.
Tus cabellos a la mitad de tu espalda,
Perfecta combinación de tu blusa y falda.
Nada hay que cuestionar,
Porque me pones a temblar.
A carcajadas quisiera reír,
Cuando te veo sonreír.
Tu caminar como sombra de nube,
Pensar que por poco te tuve.
Te vi como la luna en su plenitud,
Porque estás en tu plena juventud.

55
Hacia La Felicidad

Lo indispensable para llegar a ser feliz, es la vida que depende de Dios y no hay otra fuente para adquirirla porque comprobado está, que no hay persona que pueda resucitar a otra persona. Lo importante que la vida requiere, es la salud que depende de uno mismo, de cómo se cuida con su forma de alimentarse, se desenvuelve en el medio ambiente y cómo se protege contra los enemigos, los cuales son el prójimo y la naturaleza misma. Por ejemplo, una mala alimentación provoca enfermedad. El prójimo puede provocar e inducir al enojo el cual es transmitido por la vía mental y posteriormente, es reflejado en lo físico. Lo necesario en la vida y en la salud, es el amor a uno mismo que nadie puede introducir en el sentimiento de cada ser humano. Luego viene el amor para quienes están alrededor, que son los familiares y ajenos del mismo al igual que las responsabilidades y los compromisos que la vida otorga. Ahora, lo urgente que es el mayor de todos, la fe. Cada persona debe tener fe en tres vías por lo menos. La primera, tener fe en uno mismo, creer que lo que quiere, desea y anhela lo puede realizar sin ningún impedimento. La segunda, es creer en algo, o en alguien, ya sea que esté vivo o muerto. La tercera, que es la más grande de toda la fe, que es lógico, factible e irrevocable; es creer en el Dios, creador de este mundo. Aceptar y creer que el mundo en el cual vive la humanidad y el universo mismo, no existen por casualidad ni aparecieron accidentalmente. Que hay alguien detrás de todo que controla, que lo sostiene y le da una vida perfecta mientras se mueve, porque el día que se detenga la rotación de la tierra, ya será el fin de la existencia universal.

56
Admiración

Admiro tu humildad, valentía, caballerosidad y tu gentileza. Al reconocer y aceptar algo que estaba fuera de toda realidad incluyéndome en tu vida sin ser parte de ella. Después de tantos años, llegó la hora final. Como en todos los acontecimientos, imagino y creo que no fue fácil lo que hiciste. Aunque te habían dejado ir desde hace mucho tiempo, te encontré muy tarde. Puede ser que te conocí por casualidad. Te hablé por educación y te ganaste un puesto aquí en mi corazón. Quise hacer algo por ti, pero no fue posible. No me dejaron hablar ni siquiera respirar. Mejor me juzgaron como una diabla y me condenaron como la destructora de familias. Me hubiera gustado ayudarte, conocer a tus hijos y ser amiga de ellos. Fue insuficiente la táctica hablar de mujer a mujer. Perdóname por haberte fallado y luego, haber puesto los ojos donde no debía. Ahora, qué más da, todo está pagado por adelantado. Con toda honestidad, confieso que eres un gran hombre, por eso te quiero, te adoro y te amo. Eres el hombre ideal para mí y que muchas mujeres quisieran tener a su lado. Reconozco que llegué tarde en tu vida. Acepto que me equivoqué al decir que ya no existía esa clase de hombre. Jamás creí encontrar a uno como tú. Pero al tenerte frente a mí y conociéndote de cerca, convencida estoy. Luego de haber sido parte de tu ser, me doy por servida. Guardo los mejores momentos que pasamos juntos. Me llevo los recuerdos como único tesoro en mi vida. Sin temor alguno, deseo que el amor que encuentres, te valore, te cuide, te mime; te quiera mucho, te ame sin límite, que no te deje sólo, que nunca te falle y que te haga muy feliz. Ya conoces el amor. Ya sabes qué es amar y ser amado. No vuelvas al mundo del que saliste, vive como eres, comparte con tus hijos todo lo que tienes. Y no dejes para mañana lo que puedes hacer ahora. Entrega todo a quien has de amar y sé siempre feliz: MI AMOR.

57
La Prueba

Al emprender un nuevo camino cual era desértico, desolado y espinoso. No fue fácil ir tras un sueño a realizarse sin saber los porvenires de la vida. Transcurrieron días y meses para tomar la decisión de recorrer largas distancias, dedicar tiempo, esfuerzo y enfrentar todo tipo de obstáculos que se presentaren mientras se va avanzando. Amenazas de tiempo, tranvías peligrosos, animales feroces y furiosos enemigos a defender territorio ajeno. Consejos, advertencias y recomendaciones no hice caso. Ahora, estoy a la mitad del camino, observando el panorama y lo lejos que estoy. Se me acaban las fuerzas, siento que no vale la pena gastar el tiempo y seguir luchando sin llegar a nada. Poco a poco estoy abandonando el propósito y lentamente me estoy alejando de la meta. En mi lado izquierdo está el camino transitado y a la derecha es donde estoy por irme. Hacia la dirección que estoy viendo, no hay nada y si me fuera hacia enfrente, sería lo más fácil, por eso que ninguno de los tres no me convencen. Espero tener voluntad para dar la media vuelta, abrir mi propia vereda, escalar sin que nadie lo impida y sentirme satisfecho haber cumplido mi deseo. Tú, has lo mismo; no insistas donde no hay posibilidad porque no hay una sola solución, sino que hay varias opciones para dejar el camino libre que no te corresponde. Debes aceptar que no todo lo se empieza, termina como se desea, si sientes que tu sueño o felicidad se ve truncada, piensa objetivamente y mira a tu alrededor que hay una salida que tienes que abrir con convicción e iniciativa propia, con firmeza y decisión absoluta.

58
Bajo La Luna

Un oculto y silencioso testigo, es la luna que en su caminar guarda los momentos inolvidables de quien lo vive plenamente. Interponiéndose de un extremo a otro para observar desde el cielo lo que ocurre en la tierra. La luna en su majestuosidad, brilla para infundir confianza y seguridad. En su recorrido vigila a sus enamorados y los observa por la ventana con voz susurrante, hijos; me es placentera verlos juntos, entregarse en cuerpo, alma y espíritu. Me hacen sentir feliz al ver dos vidas convertidas en una sola imagen perfecta y para siempre. Cuando ella se va, lleva bien guardado todos los secretos vividos y las experiencias que jamás se repiten. Así pueden pasar el tiempo y los años sin número. Asegura regresar sin cansancio para advertir todos los movimientos que desde la lejanía anuncian su llegada. Es una maravilla, placer y fortuna estar bajo la protección de una gran estrella que nunca revelará todos los hechos, acontecimientos en la vida del hombre.

59
Por Última Vez

Te veo en tu lecho eterno, y has emprendido un viaje sin regreso. Estoy frente a ti para darte un beso y un abrazo como señal de un buen recuerdo. Dejas un vacío en mi vida que difícilmente podrá ser sustituida por alguien mejor. No tengo poder para detenerte porque yo también voy hacia la misma dirección. No te pido que me lleves ni que te quedes más tiempo porque al otro lado de la frontera te están esperando con grandes honores. Me acostumbraré con el silencio de tu voz y tu sonrisa será la canción en mis sueños. Algunos de tus familiares están felices y otros de tus amigos están tristes. Tus amigos lamentan tu partida porque ya no tendrán a quien odiar y echarle la culpa por todas sus desgracias o fracasos. Luchaste hasta el último día de tu vida y no te rendiste a pesar de las múltiples adversidades. Por encima de los obstáculos caminaste, dejando un ejemplo a no claudicar antes de tiempo. Ahora, los millares de ángeles de diferentes niveles, te dan la bienvenida entre los cuales te reciba el creador en su trono celestial, después que haya terminado el juicio divino para morar por toda la eternidad.

60
Tesoro Escondido

La importancia de una persona no consiste en lo que muestra, sino lo que demuestra en su carácter ante cualquier circunstancia. Su actitud frente una multitud de grandes y pequeños que se atraviesan en su camino. Su comportamiento entre conocidos y extraños. Su conducta con los pobres y ricos. Su personalidad entre los humildes, su invariable firmeza ante el orgullo. Su amplio criterio para emitir juicios sin prejuicios. Su ilimitada visión para ver más allá de todas las posibilidades. Su forma de ser, sin buscar halagos, reconocimiento y gloria. El alma no es la mina, el corazón no es el tesoro, el cuerpo no es la tierra, porque todos son codiciables. Mas el tesoro que debe ser buscado para depositar la confianza, es la humildad. El tesoro anhelado para entregar el amor, es la sencillez.

Cincuenta años de fracaso y de triunfo. Un rumbo sin retorno con la distancia inalcanzable. A la mitad del siglo, una cumbre dominada con mucho esfuerzo y sacrificio. Las muchas expectativas, se han cumplido, pero otros se quedaron en el camino. He sido testigo de muchos momentos agradables como también tiempos amargos. He visto eventos trasquiladores de la vida, pero más confortante lo que revive el ánimo. He servido bien para unos y mal para otros. El pasado, es un espejo para ver los defectos y corregir los posteriores. Ver las virtudes para fortalecerse y permanecer en los mejores atributos. El futuro, es un sueño que está lleno de bondades y maravillas que al final no existen. El presente, es el principio del fin donde todo volverá igual como en los primeros pasos de mi existencia. Un presente que habré de vivir a plenitud mientras el sol sale y brilla cada mañana.

61
Sorpresa

Fui en busca de una estrella,
Y resultó que no era ella.
Pensé que era una bella princesa,
Por eso fui a cumplir mi promesa.
Transité angostos y largos caminos,
Y me recibieron sus buenos vecinos.
Con hambre y sed llegué a su casa,
Me ofreció beber agua en una tasa.
Jugo de manzana color a mango,
Oigo una música de tango.
Pregunto, ¿hay alguien en casa?

Respondió, no te preocupes, nada pasa.
Confiado y seguro de sí mismo,
Un movimiento como de gran sismo.
Y no era temblor ni terremoto,
Pero si un gran alboroto.
Eran hombres vestidos de mujer,
Celebrando su gran acontecer.
¿Quién era yo? Una víctima,
A ser decapitado sin morir.

62
El Pequeño Mundo

El mundo es tan pequeño y tan complejo. Tan grande que el hombre no lo puede dominar, tan pequeño que el ser humano cada vez tiene menos espacio. Muchos quieren adueñarse de él, pero son como arena del mar que entre ellos mismos se confunden. El mundo es una sola familia que compone de quince miembros. Las plantas, los animales, el aire, los planetas, las estaciones del año, los puntos cardinales, el frío, el calor, el agua, la tierra, la luz, la oscuridad, la humedad, el olor y el ruido. El resto que no aparece en la lista, es porque son derivados de los mismos. Por ejemplo, la luz; su densidad, velocidad, alcance y efecto. El mundo no puede resistir si llegara faltar el sol o la luna. Las plantas y los animales morirían de frío o calor. Así sucesivamente, cada uno de ellos, es dependiente de los demás. El mundo es nuestra familia en la cual todos vivimos. No es tan cruel como se piensa ni es tan injusto como se cree. Merece nuestro respeto y cuidado. Claman honor y lealtad, que ya es muy poco lo que reciben. Sin ellos no podemos vivir, merece nuestro amor y cariño. El creador nos lo entregó para disfrutarlo y no para destruirlo. Dale gracias, porque te da de beber, comer, respirar y donde recostarte. Ama a esta familia que muchos ignoran, y otros lo tienen por enemigo. Lo van matando con químicos, con dinamitas, le echan veneno para que produzca mucho y rápido. Cuida y protege el mundo, que es tu casa y tu vida.

63
La Inspiración

Al verte pasar en la cumbre de las montañas, contemplo tu incomparable belleza. Cuando te paseas en la briza cristalina, gozo las maravillas de tu figura. El manantial de alegría y felicidad recorren las lomas del universo. La luz de tus ojos, ilumina quienes posan bajo tus pies. Eterno es tu amor cual ternura imparte al alma. Ferviente tu cariño al espíritu moribundo. Tu lejanía, es cada vez más cerca con la fragancia alentadora para vivir eternamente. Tu presencia hace huir el tiempo y las carencias no existen más. Tu imagen, es guía y dirección sin retorno. Tus cabellos, como las olas del mar que ahoga la pesada rutina. Tu voz como el canto del gorrión que alegra al menesteroso. Tu energía levanta al caído. Tus brazos el refugio y tus manos, un consuelo. Por eso te digo su alteza, te doy mi reverencia con lealtad. Tu soplo me infunde vida, el cielo se viste de gala cuando te elevas hacia las estrellas. La inspiración que transmites, es infinita.

64
Lo Que No Fue

Pudimos haber llegado muy lejos, sobrevolar largas distancias hasta llegar a la meta. Cosechar y disfrutar el fruto de nuestro esfuerzo. Vivir, envejecer y hasta morir juntos. Gozar la miel del amor incondicional, pero ya no es posible compartir la belleza de la vida. Salió el sol, que es la oportunidad; y se fue la luna, que es la felicidad. Ojalá encuentres la persona ideal que buscas y puedas amar sin pretexto. Sepas retener la oportunidad que llega una sola vez en la vida, porque después no regresa donde fue rechazada. De tal manera que, no te arrepientas ni lamentes lo que hoy has dejado ir. No trates regresar, tampoco intentes recuperar lo perdido. Tal vez algún día será lo que hoy no fue entre nosotros, pero cada quien en su propio lugar. De aquí en adelante caminaremos por sendas separadas. Los dos andaremos en busca de algo mejor, esperemos no cometer los mismos errores. No me busques para saber cómo estoy ni me extrañes por más que te haga falta. No te acuerdes del amor que nos tuvimos, ni pienses en el cariño que entregamos. Me llevo el afecto que por un momento te ofrecí. El cariño que me diste, será mi cobijo y sombra para mi felicidad. Nuestro destino será diferente, nuestro recuerdo será de buenos amigos, y nuestra historia de buenos hermanos.

65
Una Petición

Amor mío, eres la razón de mí ser.
Cariño mío, eres la vida de mi alma.
Con el soplo de tu aliento,
Quiero vivir los momentos infinitos.
Corazón de mármol, por ti brilla la felicidad en mi rostro.
Oh, amado, vuelve pronto porque sin ti no tengo vida.
Querido mío, tu semblante ilumina mi existir.
Estoy en espera de tu llegada.
Mi casa espaciosa con ansias espera tu presencia.
La Luna cual cometa brilla,

Ha salido únicamente para nosotros.
La miel que es la fuente de vida,
Recorre mis venas para endulzarnos eternamente.
Vivifícame con tus dulces besos,
Y hazme volar sobre nube y entre estrellas.
Adórname con tus palabras sensuales.
Cúbreme con tus tiernos brazos.
Elévame más allá de las estrellas con tu calor ferviente.
Transpórtame en tu aroma de incienso,
Y cruzaremos el mar para no regresar.
Oh, rey; posa en mi corazón que es tu morada perpetua.

66
Desechado

El mundo entero puede estar en tu contra. Tus padres te pueden sacar de sus vidas, con todo el derecho que les corresponde. Tus hermanos pueden odiarte, con todas sus fuerzas para que se debilite tu alma. El desprecio de tus amigos como la llama de una braza, que pueden consumir tu espíritu. La maldición de tus enemigos, arder hasta la muerte. En quien esperabas apoyo y comprensión, se fueron y te abandonaron. Un día pensaste que los hermanos de la Iglesia, era un refugio, pero estabas muy equivocado. Los chismes, las críticas, un sin fin de acciones en tu contra, fueron más grandes y poderosos, que el amor de Dios proclamado. Lo último que esperabas oír, es; no te quiero volver a ver nunca. No tienes cabida en ninguna parte y vagas sin rumbo. Miras alrededor y nadie existe para ti. No te dejan entrar en la iglesia ni en tu propia casa. Te consideran una pestilencia y una inmundicia. Quienes conociste antes, los encuentras en el camino y eres un extraño para ellos. Cuando hablan, escuchas voces que eres un perdido y desecho del mundo. Por estas causas y otros más, decidiste irte muy lejos de todos, pero siempre hay uno más que está contigo. Nunca puede desechar a nadie. En su cabeza está la comprensión, en su corazón el perdón, y en su rostro el amor infinito. Sus brazos están para cobijar y proteger al necesitado. Sus ojos, son luz y conduce a un buen camino. Acércate ante su presencia y tendrás una compañía perfecta. Dios está contigo.

67
El Buen Platillo

La lectura en silencio, es la salud de la mente.
Leer en voz alta, es el ejercicio de la lengua.
El pensar, es el fuego del cerebro para descubrir lo oculto.
El saber, es el alimento del conocimiento.
La lectura hace que la imaginación transite en la metafísica.
El entendimiento abre el camino para no tropezar.
El estudio, es el entrenamiento que conduce a una vida mejor.
El libro, es un mapa y una dirección hacia lo desconocido.
Una pluma, es la expresión del silencio.
La sabiduría, el enemigo de la ignorancia.
La inteligencia, la compañía del conocimiento.

68
Confusión

No sé qué hacer, despertar o seguir durmiendo. Hablo con ella sin conocerla. La oigo reír sin haber visto su boca. Siento sus cabellos que cubre mi rostro opacado de tristeza y soledad. Toco su piel sin tenerla enfrente. La fragancia de su cuerpo, como las rosas en el jardín. Sus ojos me incitan a no dormir de día ni de noche. De sus labios gotea la dulce y virgen miel. En su mirada brilla la ternura. Mas entre nosotros hay una gran distancia que nos impide llegar hacia la felicidad. Un ejército sin número que tratan arrebatarnos el amor que tenemos. Acosado por los enemigos para privarnos del cariño que sentimos. Los dos nos animamos para seguir luchando por nuestro objetivo. También nos desanimamos para luego decirnos mi amor. De su voz oigo una canción y del latido de su corazón, escucho la melodía. De sus ojos brotan gotas de alegría. En su rostro corre lágrimas felicidad. Mientras mi rostro refleja abandono de amor y soledad de cariño. Veo una estrella y se juntan más de tres. Rodeado de una multitud y me doy cuenta que estoy solo. Una sábana me cubre, una cobija me acompaña, y una almohada me sostiene.

69
En Las Alturas Del Cielo

Uno de los Ángeles del cielo, te trajo al mundo para alegrar y revivir al más pequeño. Al más pobre, humilde y solitario. Porque con tu belleza, ternura, amor y cariño, es la abundancia incalculable que refleja tu rostro para todo aquel que contempla la brillantez de tus ojos. Como la luna en su resplandor fulminante de la noche que brilla desde la ciudad celestial. Que inspira a poetas conocidos y extraños para expresar sus íntimos y ocultos sentimientos. La magnitud de tú hermosura, cubre la imperfección del mundo. Infundes olor fragante, incomparable en la vida de grandes y pequeños. Tú dulzura, sencillez y generosidad enriquece el existir. Tu sonrisa, el motivo y la razón para mirar las alturas del cielo donde es tu gloria y perpetua morada.

70
Al Paso Del Tiempo

Cuando vine a verte por primera vez, fui suprimido con mi corta imaginación. En la segunda ocasión fue rebasada mi expectativa para alcanzar la altura de tu nivel. En la tercera instancia, en tu rostro vi el reflejo de cómo te ha afectado mi presencia. La inquietud te mueve en la cama de un lado a otro cual desnudo está el alma. En el contacto de nuestro cuerpo, siento tu piel hirviendo de pasión que imposible detener la sensación de los sentimientos. Antes te veía en imagen espectacular pero ahora te miro en cuerpo escultural. La energía que corre en tus venas está muy tensa por no saber, cómo evitar el contacto íntimo. Tus hermosos ojos me dicen, ya no puedo ni aguanto más pasar el tiempo sin ti, ya es hora de volar cual destino nos tiene preparado. Sin ser mi voluntad, a veces me desvelo contigo por todo lo que sientes y sin poder hacer nada. La frescura de la noche, es bella después de bañarnos con el vapor del agua natural que brotan y fluyen por todas las montañas. Cada mañana que nos sentamos en la meza, no comes y no por falta de hambre sino por estar pensando el porvenir de nuestra vida. Los besos que te doy al salir de la casa, piensas que es fantasía sabiendo que mi abrazo es para llevarte al altar del descanso y donde con ansias espero tu regreso, la cama del amor eterno. Sabes perfectamente y a cabalidad, que soy para ti y tú eres para mí. Así pase el tiempo, los años, los días y las horas. En él, se van fortaleciendo el amor que no tiene límite, la riqueza cual no es dinero y la felicidad que no tiene precio.

71
La Única Madre

La única mujer que muchos ignoran, la maltratan, hacen con ella lo que se les antoja, sabiendo que sin ella no hay vida. Su amor es tan grande que para nada y por nada se queja, no exige ni reclama. Siempre está disponible para alimentar a pobres y ricos, dar de beber sin importar de dónde sacar. Produce pan y también espinas, es generoso quienes saben cuidarla. Desde la Oceanía, da esperanza quien se siente ahogarse, durante la noche absorbe la frescura para almacenar la humedad, luego convertirla en río cristalino. En su juventud era más productiva que ahora, en tiempo moderno sufre y es castigada como mala madre. De ella abstraen riqueza, y sobre ella se revuelcan para pelear por conquistarla. La pueden hacer en mil pedazos, pero su integridad, su identidad, su forma y figura, sigue siendo la misma, la madre de todos los seres vivientes. Es tan hermosa que adorna la vida, a grandes y pequeños. Sobre ella caen quienes vienen habitar su cuerpo, sus cabellos dan sombra, sus curvas hace estremecer a quienes no saben cómo transitar ni controlar sus emociones. No distingue quien acude ante su presencia, con ternura recibe quien ya no puede ver la luz del sol, quien se va del resplandor de la luna, la cubre con sus brazos y jamás la vuelve soltar. Algunos la tratan bien, otras la tratan mal. Los acaudalados se aprovechan, y los pobres no saben qué hacer con ella. La mayoría de sus hijos son agradecidos, mientras la minoría de ellos, son ingratos porque van tras su riqueza. Después de varios miles o millones de años, la generación actual intenta renovarla, salvarla de los desalmados. Desafortunadamente, algún día llegará su muerte, tendrá un fin trágico, es cuando sus hijos llorarán, lamentarán de no haber vivido en ella con rectitud. De no haber estado agradecido cuando alimentó sus entrañas. Una madre como ella, jamás habrá otra, aunque muchos traten de sustituirla, ella es única, grande, su hermosura y belleza es incomparable. La madre tierra, que ve nacer a todos los seres vivientes, que se complace dar vida. A tu madre no la destruyas, a tu madre has de cuidar, a tu madre has de amar, ser feliz mientras vivas en ella, porque un día te recibirá no como la primera vez, sino para que vuelvas a ella sin tomar en cuenta de cómo la hayas tratado.

72
Dos Cosas Diferentes

No me hables de amor:
No me digas que me amas por lo que tengo y parezco,
Para que no piense que conmigo estás por interés.
No me digas que me quieres como a nadie has querido,
Porque creeré que has estado en brazos de otra persona.
No me digas que nunca me vas a dejar ni te vas apartar de mí,
Porque me aseguraré que no llegaste para quedarte,
Sino que pronto te irás muy lejos.
No me digas palabras bellas ni hermosas,
Porque sé que son como hojarascas que se los lleva el viento.
No me digas frases sensuales, porque son voces huecas.
No me preguntes si te quiero o te amo,
Porque son dos cosas que pueden desaparecer en un segundo.
No prometas ni asegures nada,
Para que no sientas la obligación encima de ti.
No me jures amor, porque es lo primero que se va como la neblina.
No me digas que te gusto, porque voy imaginar que soy un objeto.

No me digas que te atraigo, para no sentirme utilizada.
Nunca me digas que soy la mejor que has conocido,
Porque me sentiré comparada como cualquiera.

Háblame de pasión.
Deléitate de mi cuerpo suavemente para olvidar este mundo.
Acaricia mi piel para volar más allá del cielo azul,
Que el rocío nos cubra en lo más profundo del alma.
Has hervir la sangre como en una olla,
Y no permitas que se apague el fuego.
Goza las dos uvas, donde brota la dulzura natural.
Camina entre las dos colinas,
Descubre el secreto que hay en ellas.
Refresca tus labios de las fuentes,
Que es como el correr del río.
Déjame desmayar en la nada,
Para sentirme en medio de las estrellas celestes.
Respira en la puerta de mis oídos,
Para escuchar la canción de tu aliento.
Tus pupilas penetren mis ojos,
Para sentir el latido de tu corazón al colapso de nuestro ser.
Aspira mis cabellos como las flores en el jardín,
Y con la briza se forme un arco iris, en señal de nuestro pacto eterno.
Saborea mis labios como la dulce miel de abeja,
Que se recoge del campo florido.
Y una cosa importante, no confundas el amor con la pasión,
Porque saben muy diferentes.

73
Eterna Nostalgia

Cuenta la leyenda que hace muchos siglos, un joven encontró una hermosa joven y se enamoró de ella. Un joven que no era de buen parecer y pobre en lo material, en el habla o la comunicación. Le costó trabajo para dirigirse a ella, empezar a comunicarse y convivir lo más frecuente que se pudiera. De igual manera, la hermosa joven luchaba por encontrarse con el joven, en el camino, en la tienda o en la casa de uno de sus familiares. Salía de su casa sin ser vista por su papá y sus hermanos, sólo su hermana sabía la ausencia de ella. Pasaron varios meses cuando por fin, el joven se atreve preguntar si quería ser su novia y fue aceptado sin ningún impedimento. Enseguida enlazaron sus sentimientos que no estaban contaminado con prejuicios de la sociedad o familiar. Procuraban no ser vistos, así no levantar sospechas de su relación y amor. Se dice que ambos estaban bien enamorados, por eso se esforzaban encontrar una salida favorable para obtener la aprobación del papá y de la familia. De sus hermanos, no había mucho para preocuparse. Sin embargo, todo esfuerzo era vano. Por otro lado, aquella joven estaba dispuesta dejar todo por él, seguirlo a cualquier lugar y hasta donde fuera posible. Mientras él, buscaba la manera de tenerla cerca con el apoyo de sus amigos, y conocidos para que todo marchara bien entre ellos. Buscó lugar dónde pudiese estar ella con seguridad y sin ser molestada. Por tal motivo, decidieron verse, encontrase en una ciudad lejana para empezar y unir sus vidas. Ella decidió viajar sin compañía de nadie, dejando su casa, su pueblo y su familia. Tan grande era su amor por aquel joven, tomó el camino a un rumbo desconocido y llegar al lugar acordado. Ella llegó primero mientras él, dudaba de si su amada fuera viajar sola. El joven fue a recibirla en la ciudad, al verla se llenó de alegría y felicidad. Externaron sus brazos y un dulce beso, era la consumación del amor perfecto. De rato la joven pregunta, ¿Dónde vamos? Él, contesta; te vas a quedar en la casa que conseguí y me esperas ahí mientras voy atender un compromiso en mi pueblo. Desconcertada la joven, lo abraza, se recarga en el hombro y le dice, no mi amor, yo me voy contigo, no me dejes aquí. Los dos se abrazan con todas sus fuerzas. Luego; el joven la conduce a una casa imprevista.

Una familia que él conocía de poco tiempo, fueron recibidos con agrado, la familia dispuso un cuarto pequeño, hablaron y expusieron su situación. La señora de la casa le dice al joven, ella viene huyendo contigo, te quiere y te ama de verdad. Tú, también la amas, llévatela y sé un buen esposo. El día que quieran regresar, aquí tienen su casa, son bienvenidos. El joven sin dudarlo, fue a recoger sus cosas y enseguida viajaron a otra ciudad. Iban hacia el lugar donde formarían una familia y un hogar. Pero el joven cometió un grave el error y el más grande de su vida. Confiar en un supuesto amigo e ir a la casa de él, de su familia y quien les hizo ver el error en que estaban ambos. El amigo, en forma de consejo, sugerencia u orientación, probablemente sin mala fe o intención, dijo; qué va decir la familia y la sociedad que no está acostumbrada ver jóvenes juntos sin previo acuerdo de los padres, sin casarse en lo civil y religioso. Ustedes son muy jóvenes, y no deben continuar ni seguir juntos. Los van a juzgar de lo peor, y los condenará la misma familia. Tú amigo, ve a tu pueblo atender tus compromisos, que la muchacha se quede aquí en mi casa. De la comida, dónde estar, no te preocupes, yo me encargo. Por ese motivo, el joven se fue a su pueblo, sólo y dejando a su amada en casa ajena, aunque la extrañeza era demasiado al verse distanciar sin sus voluntades. Después de unos meses, la comunicación y el sentir ya no eran igual. Poco a poco fue cayendo el cariño y alejándose el amor que no estaba contaminado. A tal grado, que uno de los familiares del joven se enteró de la existencia de la joven, fue a visitar a la familia del amigo, y conocer a su posible cuñada. Por la lejanía, la frialdad, ella empezó a desesperarse, a enfermarse por la poca comunicación de su amado, el amigo y la familia del joven, decidieron regresarla, a la casa de sus padres con la promesa de que su prometido vendría después. Pasaron tres años de distanciamiento y todo cambió el rumbo de sus vidas. Al poco tiempo, cada quien se casó con la persona no amada, con sacrificio formaron su hogar para alcanzar la felicidad en el matrimonio. Pero muchos años después, por azares del destino, de vida o de las circunstancias, una hermana de la mujer, establece comunicación con la persona que pudo haber sido su cuñado. No para hablar del pasado, tampoco para hacer algún reclamo, sino para consultar un caso especial que estaba pasando en la familia. Desconcertado el hombre al saber quién era, no supo ni hasta el día de hoy, cómo es que fue localizado, estando en otro estado o país. Dos años de conversación y comunicación. Un día, el hombre recibe una llamada, para saber cómo estaba. La mujer estaba presente, al enterrarse que era la voz de su amado de hace muchos años, decidió hablar con él. El hombre fue advertido por una niña de 14 años, diciéndole; Aquí hay alguien que quiere hablar con usted, aquí se la paso. La mujer dice, Hola. El hombre desconcertado, pregunta; ¿Quién eres? Ella dice, soy yo. Al escuchar el hombre que era el amor de su vida, solo dijo. Si no me hubiera ido de ti, yo sería el hombre más feliz del mundo, sin esperar más tiempo, ella responde, lo mismo pensé yo, que sería la mujer más feliz. Conversaron con dificultad, ya que las lágrimas no pudieron detenerse, el nudo en la garganta hizo acto de presencia. En ese momento se dieron cuenta, que el amor de ambos no había fenecido a pesar de los años transcurridos. Entonces el hombre le confió un secreto a la mujer, un secreto que su familia y la sociedad ignora, sólo ella sabe, cual llevará a la eternidad. Desde sus respectivos lugares de vida, los dos conservan el fuego del amor, y quisieran verse para decirse lo mal o bien que han vivido. Lloran por no poder estar juntos, son consumidos por no vivir el amor que los une. Sólo se refugian con saber que están bien, consientes que se equivocaron al dejar escapar el amor de sus manos y de sus vidas. Lo triste y lo lamentable, es que la esposa de él, el esposo de ella, creen que; quien está a su lado, está por amor y no porque fue la última opción que quedaba. Se puede comprender, que; No dejes ir al amor de tu vida, si eres correspondido o correspondida, si tu amor es rechazado, no insistas porque no eres para él o para ella.

74
El Galardón

Eres muy hermosa y bella para mí. Que no te puedo describir con palabras elevadas, y elocuentes que te exalte en lo más alto del universo. Soy cobijado con tu sombra divina y me siento bajo la protección placentera sin medida. Me encanta deslizarme suavemente sobre tu delicada piel y sentir la vibración electrizante de tu cuerpo. Vivir en el seno de tu ser, es mi corona, saborear tus dulces labios como la rebanada de una fresca sandía, es la dulzura de mi alma. Sentir tus cabellos lisos y brillantes que brotan desde la cumbre como manantial que recorre las venas de la pasión, me hace sentir en el paraíso. Mirarte en tus ojos y decirte TE AMO, es la expresión de mi corazón. Me gusta tu imagen relumbrante que tiene sin fin de maravillas. Oír tu voz de donde resuena la canción de alegría como la brisa del mar en sus oleajes, veo el pacto de amor con los rayos fulminantes del sol. Suena la felicidad como campana que anuncia el tiempo de refrigerio. Tus ojos como el Sol que vigila durante el día, la Luna que brilla en la noche para resguardar los secretos, anhelo dormir sin despertar. Qué maravilla es, estar a tu lado y gozar los frutos de tu amor. Contemplar tu figura e imagen, inhalar tu perfume de Jazmín. Corresponderte sin límite y sin restricciones. Ser para ti plenamente hasta el último respiro y ser feliz por haberte encontrado, porque eres mi mayor galardón con el tesoro más preciado en esta vida.

75
La Cortina

En cada palabra, está escondida la vida o la muerte. Cada lección bien aprendida, puede cambiar el rumbo de la vida. Un mensaje con buena atención, puede evitar cualquier imprevisto. Una buena educación, es el arma perfecta para conservar para la ignorancia. Practicar los principios morales, puede preservar los valores del hombre. De un buen estudio se puede vivir sin apuro, y sin depender de nadie. El amplio conocimiento conduce a un buen camino, y beneficia quienes están cerca. Una pequeña o breve frase, puede ser la clave para ser feliz o infeliz, para reír o para llorar. Una oración hacia lo invisible, puede inspirar confianza quien jamás ha creído en algo. Piensa primero antes que digas una o más palabras, para que después no tengas que dar explicaciones.

76
Cuando El Viento Sopla

Voy caminando en la sombra, siento ahogarme en la nada. Un respiro más y un respiro menos, se colapsa mi ser precipitadamente. El aire sube y el vapor desaparece cual me deja sin aliento. Los pastos ondean de alegría, a lo lejos escucho el gemir. Las hojas del árbol aplauden de felicidad, más las ramas luchan por detenerse. La nube huye hacia un lugar desconocido, pero el agua donde bebo, permanece en su lugar fluyendo velozmente. La neblina sucumbe entre las colinas, sobre la montaña descanso confiadamente. El correr del viento en las arboledas, refresca mi alma con un respiro profundo. Las gotas de la lluvia caen al son de los golpes del placer, mientras las maderas se forman en pares para proteger la casa de los extraños. Rasguños, heridas, malestares arden en mi cuerpo sin ser lastimada, en el fondo de mi corazón está la paz, en mi alma la tranquilidad, en mi vida la felicidad.

77
Siempre Juntos

Nadie impide soñar ser alguien en esta vida. Porque desear algo mejor, es natural y bueno. Codiciar, es malo. Envidiar, es dañino. Hoy puedes tener y mañana estarás con las manos vacías. Un día te sientes en la máxima sima, otro día estás en el pantano. ¿Qué es la vida? Veo muchas competencias entre sí. Todo mundo corre a todas horas y quieren llegar a su destino sin tomar en cuenta los demás. Se estorban uno al otro en el camino. Pasan por encima de los débiles. Miran tanto el que tiene y el que está sin nada. Entonces creo que la vida es un reloj, porque pasa apresuradamente. Es una flor, porque hermosa y bella. Es como una gota de agua, porque en cualquier se nos puede quitar, por enfermedad o por algún otro medio. Avanza como un anciano, corre como un joven, se divierte como infante. ¿Y qué son las oportunidades? Son aquellos que llegan sin avisar, como si fueran ángeles. No son fáciles de ser identificadas por muy sabio o inteligente que se crea uno, porque no tienen forma, solamente portan su esencia de vida. No hablan, pero bien que gritan. Tocan la puerta para ser recibidos. Se asoman por la ventana para ser vistos. Hacen ruido para ser escuchados. Caminan como los gatos para no incomodar a sus afortunados. Se cansan de esperar, se paran en la siguiente puerta. Si no son bien recibidos y tratados con agrado, se van y no regresan donde fueron rechazados. Por más que se le ruegue, se llore, se le suplique y se humille uno ante ella. La vida y la oportunidad, es una pareja. Un matrimonio perfecto. Es un ser invisible que tiene pies y manos. Tiene ojos y oídos. Tiene los cinco sentidos como cualquier otro ser humano. Caminan, vuelan y viajan de un lugar a otro. La vida y la oportunidad, es uno y nadie lo puede separar. Es cuando observo que cada oportunidad que llega junto a la vida, cada privilegio que la vida regala, tiene muchos retos que enfrentar, muchos riesgos qué vencer, muchas pruebas que pasar, muchos obstáculos qué saltar y muchas barreras qué brincar. Quien no lucha por ella y la deja ir, será demasiado tarde cuando se dé cuenta que jamás regresará en su camino o en sus manos.

78
Olimpiada Académica

Entre barreras y obstáculos has corrido para llegar a la meta y obtener el máximo reconocimiento. Algunas veces te sentiste desmayar, pero pudiste dominar los secretos ocultos **A.B.C.D.E.** que te exigieron mayor esfuerzo. La A=Avanza hacia enfrente, aunque lento y despacio. B=Brinca las barreras todas las veces que se presenten en tu camino. C=Continúa hacia la meta sin cansar ni desmayar. D=Deja atrás toda imperfección, error o falla. E=Excede todas las expectativas para recibir la máxima corona cual tiene grandes escalones: **A-B-M-D.** La A= Título de Asociado, es volver a empezar. B=Licenciatura, señal de mucho que hacer por delante.

M=Maestría, a mitad del camino. D=Doctorado, el más alto de la cumbre y la última sima donde pocos logran llegar, aunque muchos lo intentan. Frente a ellos, necesitarás voluntad propia, dedicación y entrega total para escalar y triunfar. Entre tanto, no pierdas la visión ni te desvíes en el camino del conocimiento, ni a la derecha, que es la distracción placentera ni a la izquierda, que es la promesa falsa. Confía en el Ser Supremo por la capacidad que te dio desde un principio, y en ti mismo por las habilidades que puedes desarrollar sin impedimento. Aspira llegar en la cumbre más alta y en la máxima sima, que de donde obtendrás la satisfacción de haber logrado tú objetivo, en la Olimpiada Académica.

79
El Regalo

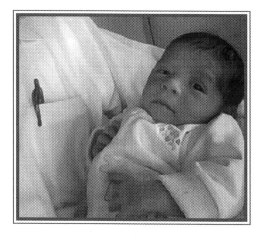

Un regalo que no se puede comprar ni con todo el dinero del mundo. Regalo que viene desde lo alto y que nunca debe ser rechazado. Es vida que no tiene precio. Es gozo que no mide el tiempo. Fortaleza que no mira debilidades ni defectos. Es paz que no juzga, no reclama ni exige. En su rostro, solo refleja luz como una bella estrella entre manantiales celestes. Su semblante brilla de alegría y felicidad como el sol en su cenit. Hace soñar despierto y empuja reír sin intención. Hace llorar de alegría o de desesperación en momentos inesperados. Es testigo oculto que guarda los secretos indecibles, y se olvida de lo que fue ayer. Nunca piensa en la maldad ni en la venganza. Toma parte de las desgracias ajenas, que difícilmente entender su lenguaje de ayuda. Grita y llora por dolores desconocidos, más no guarda nada de lo que vive. Por lo que es o son, debe ser bien tratado que es de sabio. Merece ser cobijado con los brazos tiernos ofreciéndole toda protección que es de inteligencia. Tenerlo cerca con cuidado, con afecto, cariño y amor. Disfrutarlo sin condiciones para la máxima satisfacción en esta vida, es lo mejor que se puede hacer, porque una vez que se va de las manos, no se puede retener. Un regalo que pronto volará con sus propias alas. Es por eso, aquellos, quienes lo tienen ahora, felicidades y sepan gozar de las maravillas que vienen de ellos.

80
Una Ofrenda

Un gran reconocimiento te entrego,
Mi tierna fidelidad no te niego.
Bella mujer que siempre me sonríes,
Te pido que con certeza en mí confíes.
De mis manos recibe una flor,
Que te la entrego con fervor.
Hermosa compañía y única dama,
No te desesperes en nuestra cama.
Mi amor y tu amor están en tus manos,
No dejes que se traten como hermanos.
Apreciada princesa sin palacio,
En mi corazón hay mucho espacio.
Paséate libremente en el Edén,
Antes que pase un peligro desdén.
Voy entre el manojo de las flores,

Porque son mis bellos amores.
Gran amor le tengo a flores,
Infinito cariño a las rosas.

81
Cavando Tumba

La manera de llegar pronto al panteón: Es hacer la vida imposible a la persona que amas, porque no quiere estar contigo. Odiar su persona, porque no es como tú quieres que sea. Envidiar todo lo que tiene por muy insignificante que parezca, porque no eres capaz de hacer algo mejor para ti. Celebrar cada desgracia que padezca en su vida o familia, porque se lo merece de acuerdo tu juicio. Desear que las cosas le salgan mal, para que viva en desgracia y así sentirte bien. Obstaculizar todas sus iniciativas que tenga, para que no logre su objetivo. Que la maldición pese en su vida, para que sepa, qué es sufrir. Impedir sus planes o metas que se proponga, para que no triunfe y se quede en la miseria. Tirar a la basura lo que obtuvo con esfuerzo y sacrificio, porque tú no tienes nada. Emprender una persecución feroz, divulgando un historial oscuro. Inventar verdades en su contra, para que el mundo desprecie su existencia. Culpar del infortunio de los demás, porque siempre hay que encontrar a un culpable. Implorar que el resto de su vida nunca llegue a ser feliz. Hacer obra de brujería o de maleficio, para controlar su vida o que se vaya de este mundo. Usar cualquier plataforma o púlpito, político o eclesiástico, como tribuna para juzgar y condenar, en presencia de conocidos y extraños. Hacer que sea odiado por sus padres, hijos, hermanos y amigos. Pedir que nunca reciba el perdón de Dios. Con ejecutar y vivir uno de estos pasos, habrás cavado tu propia tumba con garantía irreversible. No donde yace el cuerpo sino la vida misma que compone de alma, espíritu y corazón, que se van agonizando lentamente por la maldad en contra de alguien. Tu vida está y estará vacía como la tumba, que ni los tuyos querrán estar contigo.

82
Los Nunca

Nunca pierdas la visión ni el objetivo para triunfar, ni te adelantes de lo que esperas recibir u obtener. Deja que te sorprendan y recibirás el regalo más grande de tu vida. Nunca digas que no puedes continuar o seguir con lo que tienes, porque detrás de la debilidad está la fuerza. Nunca te detengas a lo que te has propuesto realizar para que después no te sientas culpable de no haber cumplido tu deseo. Nunca dejes algo pendiente, para que el arrepentimiento no te alcance en tu vejez ni permitas que el lamento gobierne tu sentimiento. Nunca cedas el lugar que te pertenece, y que otro tome las riendas de tu vida. Nunca niegues tus acciones por muy oscuras que sean o parezcan. Nunca imites a nadie para que no pierdas tu identidad. Nunca cambies la autenticidad de tu esencia ni subestimes tu capacidad para que tus habilidades brillen como los rayos del sol. Nunca te compares con nadie porque cada quien es hecho como fue diseñado por el divino creador. Nunca dejes tu felicidad en manos ajenas, porque podrías arrepentirte el resto de tu vida. Nunca veas a tu prójimo como invencible o infalible, porque también fue hecho del mismo molde. Nunca deposites tu alegría en recipiente desconocido por muy confiable que parezca, porque los buenos y los mejores amigos, también se traicionan. Nunca hagas el bien para recibir halagos, honra y gloria, ni conviertas tu responsabilidad como una ayuda o un gran favor. Si tus acciones son movidas por interés, envidia y vanagloria; nunca llegará la satisfacción en tu corazón ni tu alma, y tu espíritu estará vagando en una densa oscuridad.

83
Cerca Del Cielo

Radiante como cometa eres y relumbrante como la Luna estás. Tu mirada fulminante como el Sol, mientras tu imagen resplandece como oro refinado. Diamante entre los hombres, resplandeciente entre mil estrellas. Tu figura invaluable como la misma vida, que se tiene una sola vez. Deseada y anhelada, como la gran Perla. Tan grande como la montaña, cual sima inalcanzable. Adornada con cordilleras y cercada con manantiales cristalinas. La naturaleza exalta tus grandes y dulces encantos. Las brisas del mar se acercan desde la lejanía para cubrirte de gloria. El Sol se asoma entre boquillas de las rocas para seguir tus pasos. Sombra y Luz, regalas en momentos inesperados aún quienes no lo merecen. Es un honor visitar a este mundo pobre, que puede admirar y contemplar tu belleza. Es un privilegio haber llegado hasta aquí para llevarme el recuerdo de tu grandeza. Guardarte como el tesoro más grande en este mundo. No me voy ni regreso, solamente me quedo donde estoy. Desde aquí admiro y contemplo tu hermosura. Te conservo en lo más profundo de mi corazón. Me llevo tu perfume de amor, porque no hay escalera ni manera de llegar en tu paraíso.

84
Ante El Tribunal

Heme aquí su señoría y jurado, visible e indivisible, ante usted; presente: Tome mis declaraciones pertinentes, y juzgue su majestad: Declaro que vagué en el mundo sin rumbo y sin dirección. Me perdí entre los placeres y deleites de la carne. Me introduje en las tinieblas de los intereses del mal, cautivándome, encerrándome a la perdición, de mi alma y de mi espíritu. Los privilegios que me diste, no lo viví con rectitud. Las fortunas que me entregaste, le di mala administración. Los hermosos regalos que me enviaste, fueron descuidados, caminaron a su suerte, mientras iba por mi propio rumbo. Crecieron lejos de mi amor y cariño. El tiempo que tuve, no lo disfruté ni lo compartí quienes estaban conmigo. Con mis semejantes, hice muy poco o nada. El trabajo y la misión que me encomendaste, no lo llevé a cabo. Las grandes oportunidades, los dejé pasar. No tengo pruebas a mi favor, sino que todas están en mi contra. No puedo regresar al pasado ni recuperar lo perdido, porque ya es muy tarde, y no está a mi alcance. No puedo alegar inocencia, porque algunas veces fallé a sabiendas, otras ocasiones por ignorancia. Las adversidades fueron más grandes, y fuertes que mi propia voluntad. Fui más pequeño y vencido por ellos. No acuso ni culpo a nadie, porque cada quién es responsable de sus actos, y soy uno de ellos. No pido condenación ni libertad, sólo su justo juicio. No tengo testigos visibles que declaren a mi favor, solamente los invisibles. Ellos prometieron estar presente, en situaciones como esta, a pesar de mis imperfecciones y debilidades. Confiado en que están aquí hasta el día hoy: También declaro; que los ausentes, siempre estuvieron conmigo, y en momentos más críticos. Cuando estaba caído, me levantaron con ternura. En peligro, me liberaron con prontitud, y me llevaron a un refugio con atenciones inmerecidas. En soledad, fueron mi compañía incondicional, y me animaron a luchar por la vida. Por ello expreso a este tribunal: Si su comprensión y misericordia, alcanza para mí, no tengo nada que dar ni con qué pagar. Si su perdón llega hasta donde estoy, únicamente daré mi profunda gratitud. Por lo tanto, dicte usted su veredicto y sentencia, que no haré ninguna apelación, porque su juicio, es justo e infalible. Heme aquí.

85
Zar Y Sar

Me voy lejos para volver a empezar,
Y al triste pasado no regresar.
Mis habilidades quiero utilizar,

Para luego no fracasar.
Miro hacia adelante para comenzar,
Tener nueva vida y progresar.
Veo la meta para alcanzar,
Quien conmigo quiera conversar.
En mi pobre pueblo intenté cazar,
Ahora busco si me puedo casar.
No tengo quien me pueda abrazar,
Tampoco a quien quiera besar.
Camino tras camino sin avanzar,
Al fin llegaré a casa para descansar.
Si ves a alguien una línea trazar,
Te pido que la dejes pasar.
La frontera quiero cruzar,
Luego me pondré reposar.
Los frutos de mi trabajo he de gozar,
Me quedaré con lo que no puedo confesar.

86
El Vacío

Todo este tiempo que he vivido sin ti, has hecho mucha falta. Tu ida y abandono dejó un vacío sin fondo de donde no he podido salir. Vivo con la nostalgia y tu sombra me sigue por todos lados. Muchas flores tratan adornar y llenar el vacío que dejaste, pero ninguna llega a tu altura. Tú fuiste mi fortaleza y tu gente mi última compañía. Los manjares que me serviste, permanecen vivos. La rebanada del pastel, lo saboreo hasta día de hoy. Te guardo como una gran perla en lo más profundo de mí ser. Te llevo siempre como diamante para que ilumines mi camino. Te busco como oro para que no me tengan lástima. Tu ausencia, es lo más grande y pesado que un ser puede sufrir. En mis sueños, vislumbro tu figura. Tus encantos, mi consuelo. Tu dulce ternura, me alienta seguir vivo. Al escuchar tus palabras, soy motivado para escalar grandes montañas. Tu semblante, me guía, día y noche. Te pido que no tardes en mandar quien ocupe el lugar que abandonaste para que mi vida no se oscurezca.

87
La Dama

Soy una mujer sin categoría. Una dama humilde que no ambiciona. Sencilla que sabe comprender la debilidad y la fuerza. Capaz de entender al prójimo sin prejuicio. No soy una reina ni pretendo ser la princesa. No soy de ningún nivel social elevada. Mi amor no tiene condiciones. Mi cariño no tiene precio. Mi afecto no tiene límite. Soy una mujer que se valora, asimismo. No espero que me den una flor y ningún tipo de regalo. Primero juzgo mis actos y luego de los demás si es que queda tiempo para hacerlo. Me gusta respetar y mostrar toda mi lealtad a quien me trata igual. Comparto mis habilidades para quien lo quiera recibir. Uso mi capacidad en todos los niveles de vida y en todas las clases sociales. Soy socio culturista que ninguna carencia o abundancia me humilla. Mis inalterables principios e insustituibles valores me hacen respirar. En mi vocabulario no existen palabras obscenas. No soy hermosa, solo tengo belleza que nadie pude ver. No soy bonita ni guapa, solo tengo dulzura como fuente y que nadie puede gozar si no doy permiso. No vendo amor ni compro ternura. Se amar sin obligar a nadie con mis sentimientos. A nadie le pido que se quede conmigo por lástima o por compasión. Respeto la libertad y las propias decisiones y también los ajenos. Valórenme como soy y no me pidan más de lo que puedo ser.

88
Agradecido

Desde que llegué a tu casa, me diste la bienvenida, abriste las ventanas para ver la luz del día. Sin tardar, dejaste las puertas sin llave para que yo pudiera entrar sin tocar. Gracias por recibirme con elegancia y con agrado. Por dejarme andar libremente explorando la riqueza de tu vida. Gracias por permitirme recorrer todos los rincones de tu habitación. Por encender la luz que estaba apagado desde hace muchos años. Gracias por hacerme ver otro camino mejor para vivir con menos tropiezos. Por tratarme como a un gran rey sin conocerme. Recibirme como príncipe aun sin merecer la honra. Al hacerme descansar entre el perfume de tu amor. Gracias por alimentarme con tu cariño y ternura. Por los manjares servidos en el plato de oro. Hacerme sentar en la mesa reservada que tal vez era para otro. Por hacerme caminar en la alfombra roja sin ser grande en el mundo artístico, dejarme posar en la cama de algodón cubierto de seda. Por refrescar mis labios resecos y curar mis profundas heridas en el alma. Por entregarte en mis brazos y en mi vida. Por siempre; MUCHAS GRACIAS.

89
El Horizonte

Cada amanecer inspira esperanza, cuando todo parece terminar. El resplandor indica que la vida es bella, aunque parece venir oscuras noches. Los rayos del sol, es fuente de energía para dominar las dificultades. La sombra, es el refugio de los pobres y ricos. La oscuridad crea valor para caminar con firmeza. La luz advierte cualquier peligro. La decisión incita despegar hacia lo incierto. La convicción para aterrizar hacia la seguridad. El espacio no es de nadie, aunque muchos se adueñan de él. El aire, es de todos y es infinito. Nadie puede controlar el clima. El tiempo es omnipotente, lento para el débil, ligero para el fuerte. Todo está en tus manos y a tus pies. Solo necesitas levantar la vista para observar los seres aéreos, mirar los seres terrestres, que no trabajan, no tienen palacios ni castillos. Cantan de gozo, gritan de alegría, viven felices. La vida es tuya. Lo que hagas o dejes de hacer, darás cuenta en perjuicio o beneficio. Eres el mismo horizonte que debe seguir su rumbo. Eres la misma luz para actuar mejor. La oscuridad, conlleva cometer errores, pero hay que salir pronto de ella. De no hacerlo, todo estará perdido.

90
La Brisa

La fama, un segundo de placer.
El prestigio, un momento de deleite.
La diplomacia, una usurpación de poder.
La personalidad, una fantasía.
La categoría, una farsa.
El poder, una debilidad oculta.
Los hijos, el orgullo pasajero.
La riqueza, un poder limitado.
La fuerza, una trampa.
La apariencia, una sombra.
La belleza, un engaño.
La hermosura, una alucinación.

91
ANA

(Amiga, Novia y Amante)

Una vez que te conocí de cerca, fuiste mi mejor amiga. Siempre estuviste al pendiente de mis asuntos personales. De cómo me fue en el trabajo, en la escuela o cómo estoy en casa. También preguntaste por mis hijos aun sin conocerlos. Cada vez que estábamos juntos para comer, estudiar, trabajar, caminar o platicar en algún lugar, el tiempo y las horas avanzaban velozmente hacia la caída del sol. Quizás fueron las razones y los motivos cuales me llevaron a confesarte desde lo más profundo de mi corazón, me gustas y te quiero. Viéndote en tus ojos cristalinos; Te pregunté con toda mi sinceridad:

¿Quieres andar conmigo?

No pronunciaste una sola palabra, simplemente acercaste tus lindos y dulces labios hacia mí, dándome un beso prolongado en señal de Sí. A partir de ese momento, te convertí en mi novia más amada en la vida. Una mujer más apreciada en el mundo. Una dama más anhelada por todos. Una bella flor ocupaba el campo descolorido para adornar mi mundo. Enseguida brotaron las semillas de alegría. Desde lo más hondo de mi ser, los sentimientos de amor saltaron de júbilo. Se abrieron los caminos de la libertad. El sol vuelve a salir para un nuevo día. La luna esperando la llegada del rey. A este tiempo, no quedaba ningún secreto oculto porque todo estaba revelado. La vida lo convertimos en una sola línea para llegar a la sima, que, desde la altura, recorrimos aquella montaña sin dejar un rincón visto. Sueño, hambre, día, noche, frío, calor y la distancia, no existieron más entre nosotros. De tal manera que adornaste mi existir dando un sentido de valor el cual estaba perdido. Nunca cuestionaste porqué llegaba tarde o por qué no iba a verte más seguido. No me reclamaste tiempo ni me pediste dinero que te dedicara. Por el hecho de estar juntos, el calor humano era lo único y lo más importante. La ternura de tu cuerpo fue suficiente para empezar desde el principio. El calor de tu piel para tomar y adquirir una nueva energía de vida. Tus palabras, la canción jamás oída. Tu voz, el sonido nunca imaginado. Tus caricias impregnadas en mi cuerpo, es el sello de un pacto eterno. ANA.

92
Último Camino

Sonrío a la vida y a la muerte bienvenida. Dos caminos con distintos propósitos y que cada uno ofrece oportunidades en los momentos precisos. Los privilegios que la vida me concede, lo vivo hasta lo máximo, así sean en contra de la moral, tradición o costumbre. Siempre actúo sin perjudicar a nadie, porque la gratitud de la vida, dura unos segundos. Siempre tengo la esperanza de alcanzar algo mejor. Sé que muchas son las cargas, las responsabilidades y las obligaciones que los propios beneficios. A pesar de todo, le sonrío a la vida por los momentos maravillosos que son incontables. También le doy la bienvenida a la muerte a quien todo mundo le tiene miedo. No me gusta que llegue tan temprano, pero no la puedo evitar. Sin su llegada, prevalecen los sufrimientos, el dolor, las preocupaciones, los engaños, confrontaciones y entre otros muchos eventos desagradables. Para unos, la muerte; es una tragedia y para otros, es una victoria. Porque irse de este mundo, es lo más bonito que puede suceder. Con ella se acaba la estancia en esta vida y es el último camino para llegar en la presencia de Dios, donde todos seremos juzgados de acuerdo su voluntad. Qué bueno los que seguimos vivos, pero qué mejor los que se han ido. Nosotros seguiremos luchando por sobrevivir en este trance, mientras ellos duermen y descansan de todo, a la espera de llegar al trono celestial.

93
Construyendo Lo Propio

Tus deseos se pueden cumplir si te lo propones con iniciativa propia, porque si lo haces por insistencia de alguien, jamás se cumplirá, aunque llegaras a cumplir, la satisfacción estará muy lejos de ti. Tus anhelos pueden llegar en tus manos, si lo esperas con humildad y paciencia, porque si te adelantas, pronto te darás cuenta que no debiste forzarlo. Tus gustos pueden complacerte, si sabes cómo tratar, aprovechar el momento y disfrutar el tiempo oportuno. Tus alegrías pueden hacerte feliz mientras que no sea ajeno ni de extraño. La felicidad puede estar contigo, si la identificas, la retienes, la cuidas como si fuera un ramo de flores; si la desatiendes, se irá de tus manos, no habrá poder quien la haga regresar y quedarse contigo. Tu vida puede estar vacía, aunque esté rodeado de riqueza y abundancia, porque todo lo visible y palpable, no llena tú alma ni tu espíritu. Por lo demás, puedes despertar sin ganas de vivir, porque piensas que nadie te quiere ni te ama. Puedes acostarte sin tener sueño, levantarte sin tener hambre ni sed. Puedes estar enferma o sano, ver salir el sol y resplandecer la luna en su plenitud. Muchas cosas pueden estar en tus manos y bajo tus pies, pero mientras no sepas construir y vivir correctamente tu propio destino, en vano habrás venido al mundo. Todo depende de ti, nadie tiene un destino ya preparado, la vida se recibe una sola vez, no es casualidad ni accidental; por ello, se debe tener y seguir un propósito diseñado por voluntad divina. En él, está la demanda que requiere atención y aprovechar al máximo debidamente, dejando buenos frutos, buenas acciones y una historia digna de admiración.

94
Cuba

Un día, fui de visita a Cuba,
En mi bienvenida, tomé una cuba.
Vi muchas palmas frondosas,
Y muchas cubanas hermosas.
En la ventana se asoma una abuela,
Para ver, si alguien pasa con una vela.
Yo llevaba mi televisión de plasma,
Y me confundieron con un fantasma.
Este país está en una Isla,
Y me hice novio de Isla.
Dicen que aquí no hay libertad,
Pero yo encontré una bella Libertad.
Por curiosidad entré a una tienda,
Mas una cubanita me llevó a su tienda.
Bajo una gran palmera observaba el mar,
De pronto una rubia dice, soy Miramar.
Quedé impresionado de tanta belleza,
Que me convertí su esclavo por torpeza.
Exhorto por mi propia experiencia,
Cuídense y anden con inteligencia.

95
Desesperante

Cuando alguien me pregunta, ¿cómo qué tanto me quieres? Mi mirada responde, como un puno de tierra. Pero mi voz, no tiene respuesta, porque no sé calcular. Cuando me dicen, ¿como hasta dónde me quieres? Mi gesto arguye, como hasta en el infierno. Como toda una lectora, me replica, ¿existirá? Con una sacudida de mi cabeza, lamentablemente hasta allá no, pero aquí en este mundo sí. Mas no contesto, porque no sé dividir, ni medir el espacio. ¿como hasta dónde me puedes querer? Una sonrisa disfrazada, como hasta en el panteón. Una mirada fulminante, ¿pero por qué? Con palabras bajo la desesperación, porque allá no hay preguntas, dudas ni cuestionamientos. Cuando estoy en éxtasis, oigo una sublime voz, ¿me amas? Es cuando me quedo congelado, mudo, siego, sin sentido común y me pregunto, ¿pues dónde estoy trepado? Sólo se me ocurren tres respuestas opcionales como salvavidas. Una, te quiero como hasta en el infierno, donde arda el fuego del amor sin apagarse por nada. Dos, como hasta en el panteón, donde gobierna la paz y la tranquilidad. Ahí no hay ruido, quejas, discusiones ni pleitos. Tres, hasta en lo más profundo del mar, para que me ahogues en tu ser, en tu amor, en tu calor, y luego me resucites con tus dulces besos. ¿Es mucho pedir? Ya no quiero volver a tierra firme, para no lamentar, no mendigar, ser humillado, y ser esclavo del supuesto amor verdadero, porque en realidad no existe. Ya no pido ni busco el amor, ya me cansé de esperar. Todo ha terminado, porque el amor lo tengo desde que nací, es el amor propio.

96
Río Estancado

Es más poderoso que yo.
Más grande que mi voluntad.

Grabada en mi memoria sin poder borrar.

Impregnado en mis sentimientos, que me provoca desmayo.

Clavada como espina en mis emociones, que causa gran dolor.

Cortante como espada de dos filos, hiriendo mi ser.

Muy difícil y hasta imposible de extraer en mis entrañas.

Cuando abro mis ojos, estoy en el profundo mar.

Es tan fuerte que me domina, a no poder salir de él.

Me afecta y me consume sin compasión.

Quisiera hacer correr como río, para que sirviera de algo.

Frente el dolor y la tragedia, se acumula como el mar o presa.

A veces me da envidia quienes lo hacen con mucha facilidad.

También, me molesta al no poder hacerlo yo,

Porque todas las compuertas están cerradas, y parece que la llave está oxidada.

El tiempo pasa y sigo en el gran lago.

Siento que me ahogo, y me voy hundiendo, sin que nadie me pueda salvar.

Mi llanto se dirige hacia el interior.

Mis lágrimas no conocen el camino externo.

Mientras puedes llorar, hazlo con toda la libertad que tienes,

Dejando correr tus lágrimas, como corre el río.

No le des importancia lo que digan o dejen de decir,

Cuando observan tu rostro, es la expresión de tus sentimientos.

97
A Tu Lado

Sin ti, no podría avanzar ni llegar lejos. Caminar sin tu guía y dirección, sería el fin de mi existencia. Por tu gran amor y cariño, he caminado a tu lado desde el primer respiro. Me tomas de la mano, para liberarme del mal camino. Me abrazas y me das un beso, cuando estoy dormido. Durante mi sueño, preparas todo para que yo camine al día siguiente, semanas, meses y años. Muchos son mis compromisos, que no oigo ni escucho lo que me dices, cuando me hablas. Cuando te acercas, sólo recibes golpes, maltratos, insultos y reclamos, porque las cosas me salen mal. Ninguno de mis defectos y debilidades, le das importancia, porque tu amor y ternura, es perfecta. Estoy tan entregado en mis quehaceres, que descuido mis hijos, mis amigos, y todos los que me rodean. Aunque me alejo de tu presencia, me procuras, me buscas incondicionalmente. Si estoy enfermo, velas y me llevas a buscar sanidad. Si estoy en peligro, me liberas de la muerte. Lastimado, curas mis heridas con dedicación y delicadeza. Me encuentro en la más densa oscuridad, hasta allá tiendes tu mano, alumbras mi camino como una gran antorcha, para salir del vacío infinito. Me doy cuenta, que soy importante, y de mucho valor para ti. Por eso, he de caminar siempre a tu lado, porque sin ti, no existo.

98
Un Amor

Mi gran amor, es la naturaleza,
Y también amo a la Teresa.
Quiero mucho a la hermosa Leticia,
Sin dejar de pensar en Alicia.
Extraño demasiado a Margarita,
Que me espera en la garita.
Quisiera olvidar a la bella Brenda,
Pero la guardo como una prenda.
Entre más pasan los días con lentitud,
Añoro los bellos tiempos de mi juventud.
De vez en cuando me visita Hermelinda,
Pero siempre se encuentra con Rosalinda.
De tanto coraje que hago por estar solo,
Me doy cuenta que estoy en Abasolo.
Un pueblito que está en Guanajuato, México,
Todavía lejos del océano Pacífico.

Cuando quieran verme en mi palacio,
Tienen que llegar muy despacio.
En mis tiempos me llamaban, el chupa rosa,
Disque andaba de flor en flor con una Rosa.
En realidad, no soy nadie importante.
Aunque quise ser un gran cantante.

99
La Distancia

Eres una flor que inicia a embellecer, y lucir la vida. Una paloma, que empieza a volar y recorrer el mundo. La Fragancia, que quieres impregnar, al árbol que quieres posar, es muy alto y le quedan pocas hojas. Acude a la luna, para que te guíe en tierra firme, porque el sol está muy lejos, y ocupado en otro lugar. Si por algún descuido sientes marchitar, acércate a la fuente sin contaminación, para que te fortalezcas de ella. Si por alguna razón te caes, levántate con mayor fuerza, y avanza sin desmayar. Acércate al árbol, que tiene muchas hojas para que te cubra en tiempo de calor. Observa el reloj sin cuestionar su ritmo, y su sonido que parece no tener sentido. No mires alrededor tuyo, sino camina hacia enfrente donde te recibirán con gran reverencia, y con grandes honores. Primero, busca el oro y después la plata. Los regalos, que lleguen en tus brazos, cuídalos y protéjalos de cualquier peligro. Aunque te encuentres en la selva, montaña o en el desierto, levanta tu rostro y vuela sobre ellos. Esfuérzate, y procura llegar hasta el final de la jornada. Tienes mucho que ofrecer como flor, y tienes poder para recorrer el mundo como paloma tierna. Vuela y canta sin lo deseado, porque la distancia no nos permite estar juntos.

100
Años Compartidos

Frente el altar y ante, el supremo juez, he vivido contigo la plenitud del amor. Entregué todo para hacerte feliz, en los buenos momentos, y en las malas circunstancias. Batallé mucho para mantenerme junto a ti. Los enemigos me incitaron a dudar de tu fidelidad y terminar contigo. Lucharon por adueñarse del amor que te pertenece. Llegaron como leones y buitres para arrebatarme el cariño que te tengo. Tenerte junto a mí, es una grandeza. Los años compartidos hasta este día, es una gran bendición. Ahora, mis cabellos blancos testifican que los tiempos no pasaron en vano. Mis manos se han desgastado, que nos sirvieron para alimentarnos, y abrazarnos fuertemente con ternura. Mis pies no aguantan más para llevarte a pasear. Veo las flores brotar y las mariposas volar en el jardín. Los zacates también están perdiendo su color. Mi voz, un día dejará de sonar, y no podrá más entonar las canciones del amor a tus oídos. Mi vista, se acorta, por eso quiero tenerte más cerca. Mi recompensa placentera, es verte sonreír sin el peso de los años. Mi confianza, es que moriré en tus brazos. Mi alegría, es que me hayas aceptado tal como soy.

101
Hoy En Tu Día

Hoy sobresaltan tu hermosura frente los conocidos y extraños. Hoy relumbra tu ternura incomparable ante los amigos y familiares. Con adornos, honores y regalos, admiran tu belleza. Ante tu creador, eres un perfecto regalo, un olor fragante por tu grandeza en el altar divino como de incienso. Un gozo, para quien te trajo al mundo, y felicidad quien te tuvo en sus brazos de cariño. Camina niña mía entre las flores del campo. Vuela paloma mía sobre las espinas de la vida, cual adversidades y tentaciones se interpongan en tu volar. Cuida y guarda la belleza de tu corazón. Conserva la hermosura de tu alma. Mantén en la perfección tu espíritu humano. Atraviesa toda barrera y obstáculo, en tu diario vivir. Brinca los vacíos, y los abismos que encuentres en tu caminar. Busca y sigue la luz que brilla más que el oro. Por ningún motivo te desvíes del buen camino ni desatiendas los buenos consejos. Dale la mano a tu creador, y confía en él. Vive junto su presencia, y te cubrirá con su amor, misericordia y perdón. No cierres tus ojos, cuando te veas en dificultades. Piensa y cree, que el día y la noche, están para bendecirte. Hoy, es el único día para que hagas historia en tu vida.

102
Soñar Despierto

Soñar no cuesta nada, lo que cuesta, es realizar el sueño, porque todo está en un abismo sin fondo. Es un panorama donde se vislumbra la maravilla y se transita en un mundo desconocido. En él, se encuentra la tranquilidad inalcanzable y la paz perdida que tanto desea tener el ser humano. Pero la realidad está en la vida donde se interpone lo imposible contra lo posible. Si crees que nadie te valora, y no recibes lo que esperas de los demás, entonces crea tu propio mundo y sé feliz. Espera y recibe los frutos de tu esfuerzo y de tu lucha, de ellos tendrás la plena satisfacción sin rendir cuentas a nadie. Cuando sientas que tus fuerzas se acaban, descansa un rato y sigue adelante, no sea que te desmayes a mitad del camino, y no haya quien te levante. Porque en esta vida siempre hay que ver más allá de lo posible, y eso es perseguir lo imposible. Que no te importe ni te detenga nada ni nadie en este mundo, si te dejan buscar o hablar, si no te quieren ver o no te contestan cuando les hablas. Que, en tu vida, solamente te importe la presencia de Dios, únicamente te preocupe; que la misericordia, el amor, el perdón y la gracia de Dios, no se aparte ni se aleje de ti en toda tu vida que Dios te conceda.

103
A Lo Lejos

Veo el camino a distante,
Para que el pasado no me alcance.
Me persiguen espinas y abrojos,
Que provocan lágrimas en mis ojos.
Observo el panorama para el nuevo amanecer,
Esperando en mi vida un gran acontecer.
La lucha entre matorrales, poco es el consuelo,
Ojalá llegue pronto para estar con mi Consuelo.
Porque del otro lado del camino,
Viene alguien con el mismo ánimo.
El propósito común es encontrarnos,
Y juntos para siempre amarnos.
No hay mejor felicidad,
Que el amor de mi Soledad.
No me busquen ni vengan por mí,
Porque soy feliz contigo o sin ti.
Empapado del infinito amor,
Con frío o calor, pero sin dolor.
A la felicidad quiero encontrar.
Si al camino que me dirijo, no llego,
Déjenme donde quede tirado.

104
Única

Ternura y belleza has entregado,
Que es la recompensa para mi felicidad.

Tu voz angelical, la canción en mi sueño profundo.
Tu sonrisa, la alegría en el despertar,
Cuando se asoma el sol en cada amanecer.
Tu cuerpo, la fortuna viviente lleno de esperanza.
Tú sombra, como una nube voladora,
Que cubre y protege mi pobre existir.
De las dos fuentes nace el río,
Donde sobreviven grandes y pequeños.
Bañado de tu fragancia natural,
Purifica mi alma moribunda por ti.
Con tu respirar vuelvo a vivir el día.
Estar en ti, el tiempo es como un segundo.
Tu semblante como la luna resplandeciente.
De un futuro prometedor.
Tus ojos como los rayos del sol,
Guía mis pasos para viajar juntos.
Tus brazos, son la fortaleza,
Donde quiero permanecer siempre.
No hay quien te pueda igualar, porque eres única.

105
Dos Amigos

Tengo dos grupos de amigos, que se interesan en mi vida con intereses diferentes. La primera, me busca para inducirme a la drogadicción sin pensar en mi salud. Al alcoholismo, para olvidar los pesares. Al abandono del estudio, para un grado o título profesional. A tomar lo ajeno sin esfuerzo ni permiso. A no respetar a los mayores, y ninguna ley en el mundo del orden común, ni siquiera el temor a Dios. Amenazar quien se oponga a mi voluntad. Que me tengan como rey en la calle. Amo y señor, en la casa. Arrinconar, ocultar y desconocer, el respeto, la veracidad, la honradez, la humildad, la educación, y el buen carácter de los valores elementales del hombre. El segundo grupo de amigos, es contrapuesto al primero. Me busca por lo que soy como ser humano. No se fija, si soy pobre o rico. No le importa, si soy joven o viejo. Si soy de la baja o de la alta sociedad. Me aconseja, que trabaje, que estudie, y cuide mi salud. Que no me envuelva el vicio hacia la perdición. Que nunca me aparte de Dios, por muy mal que salgan las cosas. Que retenga los valores del hombre, los cuales son el alimento del alma, y viva la palabra de Dios, que es la fortaleza del espíritu. Que siempre esté lleno de virtudes admirables. Que conserve mis raíces y mis orígenes. Que respete sin distinción y valore a todos por igual. Lo pensé muy bien, y me quedé con el segundo grupo de amigos. Ahora, tú; con cuál de los dos te quedas.

106
Eres Tú

Eres tan bella, como el campo florido,
Y tan delicada, como una Rosa.
Eres tan resplandeciente, como la luna,
Y tan frágil, como una mariposa.
Eres tan tierna, como una flor,
Tan sensible, como un hisopo.
Eres tan pequeña en el mundo,
Y tan grande entre la naturaleza.
Eres tan hermosa para el rico,
Y tan inalcanzable para el pobre.
Eres tú quien llena mi vacío,
Y quien me hace reír sin maldad.
Eres como ángel que me cubre con sus alas,
Y me lleva en el volar sin retorno.
Eres tú con quien he de permanecer,
Y a quien he de amar por siempre.

107
La Religión

La diversidad y la multiplicidad de la religión, es el poder de la ignorancia, para mantener al hombre bajo control psicológico. Es la manera de sujetar al ser humano, dominando sus sentimientos, para hacer creer, que con la emoción, se llega a la presencia de Dios. Que el hombre pos sí sólo, que sin la religión, no es capaz de llegar más allá de sus posibilidades. La religión, es el poder oculto que cierra los caminos libres, para elegir, renunciar, cambiar, guardar lo bueno, y desechar lo malo, sin tocar ni dañar a nadie. Es una trampa, para que la humanidad se conforme con lo poco que tiene, contra lo mucho que puede alcanzar. Es la forma de sacar provecho, y vivir de ellos, quienes se someten a ella. Porque detrás de la religión, se puede llenar de oro, de plata, de riqueza incalculable, como también, dejar sin nada quienes buscan salvar sus vidas, de la condenación prometida. La religión, asegura que la salvación se puede comprar, sin ser científico, médico, jornalero, empleado, ni siquiera dominar algún oficio del más bajo o de más alto nivel. Es la puerta, para establecer nivel social, que unos vivan mejor, otros vivan bien, y los demás vivan peor. La religión, es la entrada para llegar más rápido al infierno que al cielo, porque busca su propia gloria y honra. Es la perdición total, al inventar dioses y doctrinas equivocadas. Prohíbe lo permitido, con la amenaza de ser castigado por el ser supremo, permite lo prohibido, lo cual es castigado por el creador.

108
El Yo Soy

Tú no eres hombre para mí,
Sino un gran caballero en mi ser.
No eres humano en mi vida,
Sino un ángel en mi alma.
Tú no eres compañía en mi sueño,
Sino que eres el que me hace soñar.
No eres el que me da de comer,
Sino que tú eres mi alimento para vivir.
No me llevas en tus brazos,
Porque me guardas en tu corazón.
No te acordarás de mí,
Porque yo soy tu memoria.

109
Buscando Culpable

Parece que soy culpable sin haber hecho mal contra mis padres. Mi mamá, siempre habla mal de mi papá. Dice que no es digno de llamarlo padre. Que él, es una farsa, un engaño y una perdición de mi vida. Que él, no vale la pena quererlo, y amarlo como tal. Que platicar, convivir y compartir el tiempo, el momento, no me beneficia en nada. En silencio, me pregunto, ¿por qué me procreaste con él? Y no sólo yo, sino otros más. ¿Acaso no sabías cómo era? ¿Te obligaron a juntarte o casarte con él? Cómo me gustaría que fuera sordo, para no escuchar las desgracias ajenas, porque lo mismo sucede con mi padre. Hubiera deseado no nacer para no ver, y vivir la culpa de extraños. Mi padre, dice toda clase de maldiciones de mi mamá. Me prohíbe ir a verla, darle un abrazo por lo menos. Darle un bezo de hijo, y decirle que la amo. Parece que los dos son delincuentes y enemigos férreos, teniéndome en medio de ellos, que no sé, cuál camino tomar. También, pienso que a lo mejor la sociedad o el mismo Dios, tiene la culpa de lo que soy testigo, de la actitud y la forma de ser de mis padres. No tengo más fuerza, para seguir siendo el centro de la balanza. Una sola solución y única esperanza me queda, que los dos me hablen bien de lo que vivieron, y lo mejor que compartieron. No me interesa, si fue mucho o poco. No me importa quién fue, el o la culpable. No deseo ni anhelo que estén juntos. Únicamente quiero vivir feliz, y guardar los mejores recuerdos de mis padres.

110
Una Posibilidad

Mirar el destino desde la lejanía,
Es vislumbrar un futuro cada día.
Renovar la esperanza hasta llegar lejos,
Sin menospreciar los buenos consejos.
Adorar a la bella amada,
Cual fortaleza, es alcanzada.
Volar sobre toda barrera,
Como en una carrera.

A distancia encontrar un gran refugio,
Pero sin confundir con el feo Refugio.
Creerse un gran hombre,
Aunque no tenga nombre.
Si es una mujer altanera,
Aprende vivir a su manera.
Llegar donde querías estar,
Pues, allí te vas a quedar.
No llores ni lamentes, porque es tu destino,
Así dijo, el que se hace llamar Constantino

111
Llorar Y Reír

Llorar, es una manera de desahogar el alma, para salir del sentimiento que nadie sabe, por qué se derraman las lágrimas. A veces brota el llanto, por una tragedia. Por un momento agradable, que muestra las profundas emociones. Por la ausencia de alguien especial, que no se puede tener cerca. Al no lograr un objetivo satisfactorio. Por triunfar sin haber planeado o por no estar preparado para eso. Otras ocasiones, sucede, porque simplemente la vida está llena de resentimiento, rencor, envidia y odio, inclusive hacia uno mismo. Pocas veces se llora por placer y gusto. Nadie puede sentir la expresión de los ojos, sólo quien lo vive, sabe perfectamente la causa y el origen del lloro. Se puede decir que, es la máxima expresión del ser interno, cuando llega a su límite. Es la forma de alegrar al espíritu humilde frente al sonoro angelical, mostrando al mundo la felicidad, triunfo, logro o alguna imagen que imprime ternura, los cuales son de gran valor. También, puede ser engañosa y ficticia, porque depende de la circunstancia, el tiempo y el lugar en que ocurre. Tanto el llorar y el reír, los dos son la expresión de la vida, que puede ser debilidad o fuerza. Imposible saber lo que hay detrás en cada una de ellas, por lo que se convierte como paredes que esconde luz para libertad o tinieblas para esclavitud. Grandes y pequeños lo viven. Los demás, tratan adivinar con exactitud, qué es lo que sucede. Los dos vuelan juntos como paloma, caminan como dos niños, para jugar hacia el jardín, y rodeado de rosales multicolores. Las rosas huelen bonito, agradable, pero también tienen espinas que puede hacer sufrir, del cual, hay que tener mucho cuidado. Llorar y reír, es bueno, pero tiene su riesgo para quienes lo ven y lo escuchan. Ninguna de ellas está prohibida, sólo hay que vivirlo en su justa dimensión, lugar y tiempo. Ambos manifiestan la realidad, benéfico o perjudicial para uno mismo o para alguien más. Llora o ríe, para que el mundo sepa que también eres humano con sentimientos frágiles, con debilidades e imperfecciones. No te avergüences de tus lágrimas ni de tus rizas, porque eres tú, y sólo tú.

112
La Razón

Te encontré para quererte,
Llegué contigo para tenerte.
Te di todo mi amor,
De ti me llevo lo mejor.
Si me sacas de tu corazón,
Mi vida no tiene ninguna razón.
Iré al mundo perdido, queriéndote,
Viviré donde sea, amándote.
El tiempo me ayudará olvidarte,
La lejanía para no buscarte.
Cuando tu corazón ya esté ocupado,
Hasta entonces quedaré en el pasado.
Fuiste mi último destino,
Qué tarde llegó Delfino.

113
Pequeña Receta

Es muy fácil reaccionar drásticamente ante una situación impredecible o aún a sabiendas lo que va a suceder. El sol se apaga. La luna se oculta. Las estrellas se caen como arena del mar. Las puertas, y todos los caminos se cierran. El mundo es convertido en tinieblas, y no hay en quien confiar. Todo parece que el fin del mundo o de la vida, ha llegado y es inevitable. Pero en realidad, no es así, porque todo se puede solucionar sin precipitación. Cuando descubras una mentira o engaño de tu mujer, hombre, hija o hijo, sigue uno de estos pasos que te podrán ayudar antes de proceder determinantemente. Domina tus emociones, sin preguntar el porqué. Controla tu carácter, para no acrecentar a mayor escala el problema. Toma suficiente tiempo, para pensar en lo sucedido. No oigas sino escucha todo lo que te digan. Mantén un espíritu humilde. Recopila todos los datos necesarios que sean verídicos y confiables, porque te pueden tender una trampa. Busca orientación y consejería de los profesionales. No acudas a los compañeros de trabajo ni de escuela, ellos estarán a tu favor, aunque salgas perdiendo. Si tu vida no corre ningún peligro, no respondas a la defensiva. Recuerda que todas las cosas suceden por inducción o provocación. Quien comete la falta, no precisamente es el que está mal. Puede que seas tú la causa. Si sientes que tu dignidad, honor, derecho, y libertad ha sido dañada o afectada; aléjate de la persona. Siempre pide una segunda opinión con los expertos. Ellos no tienen títulos ni se graduaron, son especialistas en práctica, y no en teoría. Dispón el tiempo y la fuerza, para analizar las cosas con un espíritu sabio. Pide y busca la dirección de Dios, y te sentirás mejor.

114

El Arte De Juzgar

Olvidar el propio ser, para introducirse hacia el mundo desconocido. Negar la propia realidad para poder comprender donde otros se han perdido, entender la situación de los extraños con el alma congelada. Convertirse como un objeto, para no sentir ningún dolor, y nunca perder la vista donde sale el sol. Apagar la luz interna, para encontrar una antorcha en la oscuridad ajena. Mostrar un corazón y un espíritu inquebrantable, para no cometer error del cual se puede arrepentir. Seguir el camino que otros han trazado, hasta llegar a la meta final que se han propuesto fijar. Abandonar la amistad a cambio de la ética, renunciar los intereses por una vocación íntegra, conducirse en la senda del profesionalismo por una satisfacción plena. Observar la balanza con los ojos del entendimiento, escuchar el sonido con el oído de la sabiduría. Decidir con el respiro de la inteligencia. Absolver con el aliento del conocimiento. Llegar a la casa de la verdad, para abrir la puerta quienes vagan por el mundo. Abrir las ventanas, para que haya menos tropiezo quienes se desviaron del camino correcto. Invitar a los viajeros descansar en el lecho de la honestidad. Hacerlos sentar todos a la mesa, para que coman, beban, platiquen y rían. Porque he aquí, hago acto de presencia, no para asustaros, sino para prevenir, no para infundir temor, sino confianza y seguridad. Vivo para proteger la razón, defender la inocencia, actúo contra el mal y a favor del bien. Es mí ser, mi vida y mi esencia, que no debo estar en contra del gobierno, porque soy el mismo gobierno que tiene la ley en la mano. En contra de la ley no puedo ir, porque soy la misma ley que tiene ojos, oídos en todos los rincones de la vida, y por eso; solo pido obediencia. Yo no me hice, como me ven, sino soy como me hicieron para bien o para mal. Criticar las reglas que rige la sociedad, va contra mi principio. No puedo condenar a nadie sin que haya dicho la verdad o la mentira, porque soy el mismo derecho que todos buscan y pisotean con sus intereses personales. A la justicia no le veo defecto, sino los actores que pretenden ser justos, siendo injustos. No puedo ir contra de la desigualdad, porque soy la misma igualdad que muchos ignoran. Soy incapaz de ir contra mi propia vida, porque no soy ningún suicida.

115
Libertad

Libertad, nombre universal femenino. Lema máximo de Estados Unidos de América. El orgullo de México, el profundo abismo de sus habitantes. El sueño de un pueblo entero, empezando con centro américa para llegar a Sudamérica. De ahí recorrer los territorios de África, India, Asia, China, Japón y todas las ciudades orientales que palabras faltarían enlistar los lugares y su gente. Sin menospreciar las calles, edificios y grandes puentes arquitectónicos, instalados en diferentes espacios del planeta. Países industrializados, avances científicos y tecnológicos, pisando tierras soviéticas hasta llegar a Canadá. Libertad, las exigencias de los niños, y jóvenes modernos que se les niega a gran escala. El afán de los adultos, que todo el tiempo se les escapa de las manos. La conquista de los poderosos, a costa de otras vidas sacrificadas. El reclamo de los distorsionadores de la realidad, y de los mal vivientes. El derecho negado de los seres vivientes en el triste mundo, que agoniza lentamente para encontrarse con su muerte. Libres, por fin libres, la voz subliminal de unos cuantos, el castigo de los pobres, la bandera efímera de los ricos. Libertad, abusada por su generosidad, mutilada por su debilidad, pisoteada por su humildad. Una criatura insuficiente, para cubrir el universo de la humanidad, de la naturaleza, de sus habitantes terrestres y aéreos, con escaso valor. A ella, he buscado siempre y pregunto; mi amor, ¿dónde estás? Quiero caminar contigo libremente, y el camino está cerrado. ¿Por qué me quitan lo poco que tengo? Si lo he ganado con esfuerzo y sacrificio, vienen otros, y me lo arrebatan como si fueran suyos. ¿Por qué me tienen al borde de la muerte? Si sólo busco la paz, la tranquilidad de mi alma, vienen a mi casa a hurtar y despojar. No puedo salir de la pobreza, ¿Por qué me has abandonado? Todo el tiempo trabajo decentemente, y a penas sobrevivo. ¿Por qué estoy en la cárcel sin haber cometido un delito? Estoy seguro que no he hecho ningún daño a nadie, sin embargo, estoy encerrado como un vil delincuente. ¿Por qué me tienes bajo la ignorancia? Libertad, ¿porque no puedo ser feliz con el amor de mi vida? Los dos nos amamos profundamente, más entre nosotros se interponen muchos intereses, que se vuelven grandes obstáculos. ¿Por qué me prohíbes estar con mis hijos? Si sólo busco compartir mis buenos sentimientos, aunque sé que es muy limitado. Con mis padres anhelo estar, y tú, te desapareces y me desamparas. ¿Por qué tengo que llorar, pagar y sufrir por algo que no soy culpable? Libertad, ¿cuánto tiempo debo esperar para vivir libre y en paz? Ya no te pido más, solo quiero vivir, y vivir contigo, libre por siempre, mi amada libertad.

116
Sí, Yo

Salí desde Villa hermosa,
Para alcanzar una mariposa.
Seguí la gran estrella,
Porque estaba muy bella.
Caminé una senda espaciosa,
Para ver a mi preciosa.
Me doblegó el hambre,
Y sentí fuerte calambre.
Llegué a la orilla del río bravo,
Crucé cuando todos estaban comiendo pavo.

Me burlé de la migración,
Haciendo uso de mi imaginación.
Muchas veces recibí reproche,
Por tener un buen coche.
No regresaré de donde salí,
Porque me espera un peligroso jabalí.
Siempre pienso estar contigo,
Para que sueñes conmigo.
Todo el tiempo te veo sonreír,
Por eso no me puedo ir.
En cada amanecer más te quiero,
Porque tu gran amor prefiero.
Voy por la calle Aldama,
En busca de una dama.
Estoy en el centro,
A ver si la encuentro.
Si llego sólo en la casa,
Es porque algo me pasa.
No quiero que me visiten,
Tampoco quiero me inviten.
Nada he comido en vano,
Y está vacía mi mano.
Estaré ocupado en mi recámara,
En compañía de una cámara.
No me pregunten como estoy,
Porque no diré dónde voy.
Quédense donde hay amor,
Se los pido de favor.
No esperen mi llegada,
Porque estaré con mi amada.

117
El Costo Del Error

La mayoría de las veces, un error; es más grande que el propio universo. Más efectivo que el poder de un ejército en el mundo. Más ágil que la voluntad absoluta. Más letal que un veneno. Un error puede terminar con el mundo político, económico, social, familiar, sentimental y emocional. Se impone sobre un gobierno más poderoso del planeta. Tumba al más humilde y derrumba al más orgulloso, ante un poder fallido. Humilla al pobre frente la necesidad, y condena al rico en la incalculable abundancia. Puede quitar vida al culpable o al inocente, a niños, adultos y ancianos. No respeta categoría ni clases sociales. Es un enemigo silencioso, que se interpone al triunfo, a la amistad, a la buena voluntad, y a un pueblo entero. Es más peligroso, que las propias armas químicas, biológicas, nucleares o las bombas atómicas. Temible por todos los doctos e indoctos, sabios o ignorantes. Está presenta en la luz del día o en la oscuridad de la noche. No sabe perdonar, siempre pide y exige su recompensa. Por lo que todos deben cuidarse a no cometer ningún error o seguir cometiendo tantos errores, porque tarde o temprano llega a la puerta para cobrar lo que se le debe.

118
Sin Salida

Quiero salir corriendo hacia ti, pero una gran sima se interpone entre nosotros. No quiero llorar más por tu amor, porque mis lágrimas se van secando por tu cariño. Desde la ventana te miro, las palmeras te van ocultando de mi rostro. Poco a poco te veo alejar de mi pobre habitación, vas a un rumbo desconocido, cómo me gustaría saber, quién será la afortunada. Quisiera tomarte de la mano, y decirte, vayamos por el buen camino. Para mi desgracia, no tengo salida para ir contigo, y no es justo que me esperes indefinidamente. Mi cobardía, es la cadena perpetua que lentamente me irá carcomiendo, hasta terminar con mi existencia. La incapacidad, será mi fiel verdugo, por no saber cómo encontrar la salida para compartir contigo mi alegría. La valentía, me ha dejado sola en este encierro sin rejas y sin candado. La poca fuerza que me quedaba, me dejó desamparada que imposible vencer mi debilidad. La ilusión, será mi compañía eterna. Mi consuelo, la fantasía oculta que siempre estará en mi cama. Pensé que saldría de aquí para ser la confidente de tus secretos. Creí que podía luchar junto a ti, para la felicidad soñada. Imaginé que estaba preparada, para ser la depositaria de tu confianza. Supuse que sería la merecedora de tu amor. Sin embargo, fue mi error al no saber corresponderte y truncar el sueño a realizar conmigo. Te fallé al darte una falsa esperanza. Mis sentimientos me traicionaron al querer detenerte sin estar segura del amor que te tengo. Me quedo resignada y atada con mi miedo. Estoy rendida ante la falta de mi valor. Derrotada, por no tener la voluntad, y las agallas de ocupar el lugar reservado. Me quedaré donde estoy encerrada, y tú te irás con el dolor que te causé involuntariamente. Cuando sepa y vea, que otra es feliz contigo, cuando te observe sonreír, y te mire caminar en la felicidad, será mi corona, y un sello para no soñar más por un amor perfecto. Abandoné el santuario de tu corazón, dejé vacía la silla de la felicidad en tu vida. Quien viva y se sienta en ella; sepa valorar, respetar, amar y cuidar con toda la delicadeza que mereces. Y tú amor, sé feliz, no te detengas por nada, si llegara repetirse la misma historia.

119
Once Contra Once

Once personas no quiero tener ni ver en mi casa y mi vida.
La intrigante, que se mete donde le llaman.
La chismosa, que se la pasa hablando mal.
La Juez, que solamente sabe juzgar y condenar.
La reina, que se dedica emitir edictos o leyes.

La pareja, que no asume su responsabilidad.

La niña, que todo le molesta y siempre busca culpable.

La secretaria, que guarda la mala historia para usarla como arma.

La recepcionista, que quiere controlar la salida y la entrada.

La sirvienta, que demanda aumento de salario, vacaciones y privilegios.

La señora, que se cree dueño de mi vida.

La patrona, que sólo sabe dar órdenes.

Estas personas, siempre van a decir;

Ya te serví la mesa, vente a comer.

Ya está lista la cama, vete a descansa.

Once personas que pueden y deben estar en mi casa y mi vida.

La novia, que me acaricia con sus hermosas manos.

La amante, que me recibe con un beso, y un abrazo de pasión,

Y me dice, qué bueno que ya estás aquí.

La compañera, que toma parte de mi vida, y me apoya sin condiciones.

La doncella, que se reserva única y exclusivamente para mí.

La princesa, que se deja amar, y sin preguntar, ¿me amas?

La dama, que abre la puerta sin la necesidad de tocar,

Apretar el botón, timbre o campana.

La hija, que me dice papi, que me mira con ternura y cariño.

La mamá, que me hace sentar a la mesa con la alegría de mis hijos.

La abuela, que le puedo contar mis secretos,

Y que nunca me va reprochar ni reclamar nada.

La ama, de casa que no se queja del trabajo ni de la vida en el hogar.

La esposa, que me recibe con un beso de amor,

Un abrazo de cariño, que no se encuentra fuera de la casa.

Todas ellas, siempre van a decir;

Ven: ya está la comida, vamos a comer;

Está lista la cama, vamos a dormir.

120
La Montaña Rusa

Escalando lentamente con la sensación en el aire, un respiro relajante al verse en la cumbre. Desde la altura, se vislumbra el panorama inimaginable, se observan las luces brillar como las estrellas. La corriente del viento sin fijar dirección, escuchar el sonar de los rieles y ruedas de acero como esclavos trabajando. Los coches o carros en forma de tren, como si tuvieran vida, vientos rigorosos susurran los oídos. Impulsado por el latido del corazón, el ascender por la fuerza del amor. Muchas vueltas o curvas peligrosas, una entrada ligera y una salida relajante. En el descender imprevisto y precipitosa, sentir las entrañas despedazarse sin piedad. Experimentar la demolición del cuerpo, cuando un amor se despide sin motivo. Causa riza, alegría y felicidad, al ver las maravillas desde la sima. Así es el amor y la vida, que son como gemelos, a veces hay que sentirse caer al suelo para experimentar como si fuera el fin del mundo, más todo ello; es una prueba como de fuego, que parece difícil de superar y comprender. Ascendiendo o descendiendo, en el coche o carro, ya no se puede bajar a mitad del camino. Tampoco se puede regresar a la entrada, porque tiene una sola dirección. El amor y la vida caminan juntos, forma un solo ser. Se nace y se tiene el amor una sola vez, con ambos tenemos que llegar a una sola salida. El amor es único, y la vida también es única. Por lo que debemos conservar y cuidar a toda costa. Defenderlos hasta con lo imposible, para que al final de la escalada en la montaña, se grite de alegría y felicidad.

121
La Decision

Me tuve que ir de la casa, porque me cansé de esperarte.
Hasta la ciudad dejé, para no encontrarme contigo.

Renuncié mi trabajo, para borrar los malos momentos.

Ya no quise contestar más el teléfono, para no escuchar las palabras de tu desprecio.

Los mensajes, no quise leer más, en señal de luto por tu amor.

Las cartas que expresaban cariño, lo convertí en dulce odio y amargura.

Profundamente llegué a enamorarme de ti, al igual como tú lo hiciste conmigo.

Fueron varios años de convivencia, que difícilmente podrá tener un agradable recuerdo. Comprendí que, separándonos, fue lo mejor que pude hacer, y así no dañarnos más.

Que seas muy feliz con Ella y tú también con él.

122
Casa Segura

Mantén la puerta cerrada, para que las moscas o cualquier otro insecto entre y te haga daño. Cierra una ventana, para que no entren las malas noticias. La otra ventana, mantéenla abierta para salida de emergencia. Compra y pon las cortinas, para que no veas cosas que no te agraden o que no te importen. Deja que los micrófonos capten buenas noticias, excelentes canciones, haya o no haya fiesta. Al visitante no dejes entrar a la recámara, ni le muestres la cocina que tienes. Deja reposar en tu lecho en quien confías plenamente. Sienta en tu sala a los conocidos, y con los extraños, ten mucho cuidado. Cuida de los vasos cristalinos, procura que no se mesclen con los de menos valor. A nadie sedas la silla principal por muy elegante que parezca. Encárgate tú encender la luz, la vela o el candil, para que no te confundan. Por si no me entiendes de lo que te estoy ablando, te daré unas pistas. La casa, eres tú. La puerta, es tu boca. Las ventanas, son tus ojos. Los micrófonos, son tus oídos. De los demás, averigua, y sé más inteligente, para el bien de tu propia vida.

123
Mi Declaración

Hoy quiero decirte, que estoy muy feliz, porque hay una mujer que me quiere, me ama con todo su corazón, alma y cuerpo. Sabiendo que no le ofrezco ningún futuro cómodo y prometedor. Que no tengo nada lo material, estoy totalmente en la calle, aun así, está dispuesta a compartir su vida conmigo. Esa mujer, eres tú, gracias por aceptarme, y recibirme en tu corazón. También, por dejarme formar parte de tus sentimientos, ser partícipe de tu cariño. Sabes que solo tengo para ti, amor, cariño, respeto, buen trato, lealtad, confianza y sobre todo, amor incondicional. Te amo por encima de cualquier obstáculo, barrera o adversidades que se interpongan en nuestra vida para ser feliz. Tengo el sueño y el anhelo, de envejecerme junto a ti. De la misma manera, quiero decirte amor mío, no hay distancia donde no te pueda sentir. No hay lugar donde no te pueda ver. Cierro mis ojos para sentir tus torrentes brazos sobre mi cuerpo. En mi lecho, están tus tiernas caricias. En mi sábana, está la energía de tu cuerpo. Todo lo que yo deseo, y anhelo en mi vida, no es tu figura ni tu cuerpo. Solo quiero tenerte conmigo, y amarte el resto de mi vida.

124
El Descuido

El descuido, es uno de los motivos en la vida, por el cual se puede arrepentir, y no poder remediarla con tiempo. Difícil saber lo que hay que hacer antes de empezar cualquier acción. Cuán indispensable es dedicar con entrega lo más importante y valioso en la vida. A los hijos, los padres, la familia, se tiene una sola vez, y se va para no regresar. Porque de su inocencia se ríe de felicidad, de su experiencia se adquiere conocimiento, de su convivencia se recibe fortaleza. Ninguno pierde valor ni se desgasta lo que representan frente a un mundo desconocido. Cuando me di cuenta, fue muy poco lo que pude estar contento, aprovechar el tiempo al máximo, fue limitado disfrutar los momentos únicos, y gozar el calor humano. Aun así, lo guardo con gran vehemencia, me llevo lo mejor de ellos, lo maravilloso, lo excelente en mi memoria sin mirar el pasado. No delego responsabilidad a nadie, sino la falta de mi conocimiento, preparación y decisión adecuada para compartir la riqueza, que no se toma en cuenta, en los momentos oportunos. Sin embargo, tuve el privilegio, el placer y la bendición de verlos crecer como las flores del campo. Los vi como piedras preciosas, que brillan en las grandes peñas y rocas. Oír la canción de sus risas y carcajadas, en los amaneceres del día. Cual fue y será mi felicidad, hasta el último día de mi existencia.

125
Digno De Recibir

La persona que te deja mal parado ante sus amigos. Que habla mal de ti con sus compañeros. Que siembra discordia con la familia. Que divulga entre la sociedad lo que eres o lo que podrías ser. Quien se la pasa degradándote en medio de conocidos y extraños. Buscando que tus seres queridos más cercanos te odien. Que tus amigos te desprecien. Quien te critica por lo bien o lo mal que vives o haces. Quien te condena sin tener derecho. Hasta desea que te vaya mal en la vida. No es digno de tu amor. No merece tu cariño. No es digno de tu consideración, ni siquiera un acercamiento, para entablar un intercambio de ideas. No hay lugar para una sana convivencia, porque el día que lo hicieres, te habrás convertido en su víctima. Tan pronto que des la vuelta, te dará un golpe mortal del cual no podrás salir por tu propia cuenta. Mas aquella persona que hace todo lo contrario, merece y es digno de quererla, amarla, protegerla, cuidarla, tenerla como un tesoro, guardarla en lo más profundo del corazón, para que nadie le haga daño. Pero una cosa debes tener presente y que no se te olvide en toda tu vida.

Jamás le niegues tu ayuda, cuando la necesite y acuda contigo. Comparte con ella, un bocado de pan o un sorbete de agua.

126
El Secreto

Si vez pasar una estrella brillante, di que no has oído sus pasos ni has visto su imagen. Aunque hayas visto volar una hermosa mariposa, di que sólo has tenido un sueño profundo. Una visión admirable has tenido. Una imaginación luminosa, ha creado tu mente. Como la luna en su esplendor, has observado una visión. No trates de seguir la estrella ni preguntes a dónde va. Tampoco intentes detener a la mariposa, porque no es para ti. Simplemente despeja el camino y abre las puertas de par en par. Deja que pase y se encuentre con el sol, que está esperando en el altar, y ser ungido de felicidad. Si al final del día, la vez pasear acompañada y juntos, no te sorprendas. Dale tu felicitación sincera, y con reverencia deséeles buena suerte. Canta y alégrate de ellos, que ya llegará tu turno.

127
Juventud

¡Juventud! OH, ¡juventud! Cuándo entenderéis que la vida, es Oro y Diamante, que los viejos quisieran tener, y que ya no pueden regresar a la edad que os tenéis. Echáis perder los privilegios y la fortuna, de reír, disfrutar, llorar y cantar de alegría, con todos tus seres queridos más cercano. Observad el Sol y la Luna, nunca están juntos, más cada uno da trabajo y descanso. Cuando ellos tienen un encuentro, se olvidan que os existís. Para vosotros os parece ser que es el fin del mundo, mientras la creación entera se alegra al daros a vosotros un día más de luz. Porqué os enojáis y molestáis contra vuestros mayores que no están juntos. Porqué vosotros os odiáis por influencia de otros, juzgáis a quien no debéis, y condenáis sin tener derecho. Vosotros valéis más y sois, como las estrellas que brillan con la ausencia de la Luna y del Sol. Sed sabios y notad, que las estrellas se ven pequeñas, pero son más grandes que el día y la noche. Vosotros no sois como ellos, olvidáis de quien os da vida. Él os protege siempre y os cuida desde el cielo. Procurad, pues, mirad alto y no os alejéis de él, porque está cerca. Seguid su Luz, y no la oscuridad. Caminad derecho y no os desviáis.

128
Quisiera

Quisiera pensar que, al conocerte, fue un sueño, aunque el eco de tu voz retumba mis oídos. Creer que estoy profundamente dormido, pero el sonoro de tu sonrisa, escucho como el fondo musical en mi descanso. Quisiera imaginar, que eres un pantano para hundirme en tu ser, más tu imagen están grabadas en mi memoria, que me despierta atrozmente. Cómo quisiera no percibir el olor de tu perfume, sentir el frío en mi cuerpo abandonado. No recordar tu figura ni tus encantos, para no extrañar las dos grandes fuentes. Que las horas y el tiempo, no se detengan para sentir, que ya no estoy en el mundo. Quisiera que todo esto terminara en un segundo, por el simple hecho de no poder estar juntos. Que el fuego del amor como braza, se apague en el fondo de nuestro corazón. Despertar ante el creador, el justo juez y escuchar mí sentencia final, de que soy culpable o inocente por amarte tanto o hasta más que mi propia vida.

129
De Todos Los Grandes

La sagrada escritura dice, que; el principio de la sabiduría, es el temor a Dios y guardar sus mandamientos. Los grandes filósofos de todas las épocas, han declarado que el hombre tiene capacidad para construir o destruir su propio mundo. Los grandes pensadores, han dicho lo que perjudica, y beneficia el ser humano. Los grandes científicos, tienen los inventos más avanzados, aunque están frente la incógnita de cómo combatir las enfermedades terminales, y evitar que el mundo se deteriore a gran velocidad. Los grandes maestros, han dejado sus huellas en la memoria de sus alumnos. Los excelentes siervos y embajadores de Dios, han dejado ejemplos de sus fracasos, y también los triunfos en la presencia divina. Los grandes políticos y económicos en el mundo, han implementado las reglas, y las normas para el bien común de la sociedad. Muchos grandes artistas, han grabado sus melodías en el oído de sus oyentes. Grandes escritores y poetas, han plasmado con sus puños y letras, la firma de sus palabras para las siguientes generaciones. Talentos y habilidades de toda clase en esta vida, han plasmado sus obras en señal de lucha y esfuerzo. Pero el grande de todos los grandes, es Jesucristo, el hijo, el primogénito de Dios de entre todos los hombres. Que murió por la humanidad, que prometió regresar por los suyos. Es el gran salvador del alma, del espíritu, y de la vida misma. De la vida espiritual quien lo quiera recibir. Donde sin él, no hay nada que pueda existir ni moverse. Yo elijo pertenecer, y estar con el más grande de todos los grandes. Porque es infalible, infinito y omnipotente. Elige y pertenece, al más grande, de todos los grandes.

130
Caminando

Caminé en el desierto, entre montañas, sin encontrar agua ni gente que me pudiera ayudar. Fueron muchos días y años perdidos, entre la sequía y hierbas espinosas. A veces sin dormir ni comer por llegar al rio que infunde aliento de vida. Me descuidé y también a los demás, que aún estaban indefensos. Procuré llegar donde alguien o nadie había pasado, para refrescar los labios resecos por el calor en verano. En el invierno frío y congelante, anhelé cobijarme de la ternura. Busqué vivir bajo una dulce fuente de vida, pero me refugié bajo árboles muertos. Sé que al otro lado de la montaña, está el manantial, la fuente, formando un poso para mitigar mi sed. Aquellos que están en camino, avancen y no se detengan. Nadie va a venir por ustedes, allá los espero, porque detenerme en el camino, habré terminado antes de tiempo.

131
Otro Mundo

Cuan maravilloso estar contigo, qué privilegio es tocar tu piel hasta donde se oculta el sol. Gran fortuna, es sentir tu calor como vapor que sube del mar sin detenerse. Ser vestido con tus cabellos, como espuma del hisopo que desaparece toda imperfección. Inhalar tu aroma natural, cual perfume no se compra. Tenerte como un ángel guardián, mientras duermo en un lienzo de seda. En mi despertar, ver tu semblante como la luna en su resplandor. Frente a ti, vivo otro mundo donde el sol y la luna, no existen. Las estrellas se apagan, y otras corren en busca de nuevos horizontes. Las fragancias de las flores, son consumidas con tu perfume viviente. La ferocidad de las olas del mar, toma otro rumbo para dejarnos solos. La canción del río, del manantial y de la fuente también, desaparece por tu sublime voz. No están aquí ni volverán. Nos han dejado el paraíso donde viviremos juntos para siempre.

132
La Quimera

Un día llegaste, y otro día te fuiste. Desde entonces te he estado buscando, para estar junto a ti. He recorrido mar, ciudades, pueblos, montes, valles y no apareces en ninguna parte. Entre amigos y enemigos, pregunto si te han visto pasar, pero no me dan ninguna razón. Te desapareciste como neblina, llevando los colores del arco iris, que adornaba mi vida. Te llevaste también, la huella de la ocasión, dejándome huérfano. Ahora, no te puedo ver ni tocar, pero sé que estás por ahí. Si me dieras una señal, tardaría menos en dar contigo. Si tuviera ojos de gavilán, te miraría desde donde estoy. Si tuviera la habilidad de un León, te distinguiría entre mil flores del campo para atraparte. Quiero seguirte buscando mientras viva, porque mi sueño y deseo es encontrarte pronto. He aprendido que, si te encuentro, debo retenerte por encima de lo que piensen, y digan de nosotros. El mundo y yo, te buscamos todo el tiempo, porque sin ti no podemos vivir. Si en mi búsqueda preguntan quién es y cómo te llamas; responderé con todas mis fuerzas: ¡FELICIDAD!

133
El Gran Maestro

El pasado; es el mejor maestro que imparte las mejores lecciones, sin haber estudiado antes, sin tener el grado o el título máximo, que se recibe en las instituciones más prestigiadas del mundo que pueda existir. Es el maestro por excelencia, que su enseñanza, es insistir en el aprendizaje del alumno, para dejarle huellas en la vida. No recibe reconocimientos ni felicitaciones, ni recibe salario ni compensaciones, pero cuánto valor tiene sus enseñanzas. Son otros que se encargan a cobrar todo lo invertido por el pasado. Algunos lo aprecian, lo quieren, lo estiman y lo aman, mientras otros, lo desprecian, lo odian con insultos y maldiciones. El pasado, genera su propio trabajo, determina el límite de su salario o pago. Aunque parezca que ha quedado atrás, en realidad, siempre está vigilando cada paso, cada momento, cada tiempo que vive el hombre, al ignorarlo, la siguiente etapa es una pesadilla. El pasado, es el laboratorio perfecto para ejecutar lo aprendido en el presente, para aplicar las instrucciones señaladas, para comprobar el funcionamiento de la técnica, el método y la forma. De no hacer ni saber cómo conceptualizar los consejos sabios del pasado, el presente deja una tarea, el futuro. El futro, es la prueba final para saber qué tanto aprendiste de tu maestro, cuánto puedes retener, superar lo aprendido, que tan valiente eres para pasar al otro lado de la montaña que está frente a ti.

134
Rendido Sin Remedio

No estás en el desierto, pero tu vida es desoladora.
Sientes que te cubre la sombra de la arboleda,
Más no estás debajo de ella.
No puedes mirar los rayos del sol en los amaneceres,

Porque estás frente las grandes cúspides.
En tu caminar las colinas se interponen,
Y no puedes alcanzar tu meta.
Te da miedo tomar decisiones riesgosas,
Porque tú moral está caído en el abismo.
Cuando observas que todos buscan el bienestar material,
Piensas que no vale la pena seguir viviendo.
Quienes se acercan a ti, quieren ser atendidos como reyes,
Esperan ser consideradas como reinas,
Sin haber hecho algo para merecer los privilegios.
Te entregan toda la responsabilidad y las obligaciones,
Como si fueras esclavo o verdugo de ellos o ellas.
Todo el tiempo te sientes abandonada o abandonado,
A pesar de que tienes alguien a tu lado.
Los abrazos, los besos, los cariños y el contacto corporal,
Se compran, y se venden al mejor postor.
Con ansias esperas otro día,
Pensando que todo será diferente.
En la caída del sol, te das cuenta que era una ilusión.
Porque la rendición te ha ganado,
Y no encuentras ningún remedio.

135
Grandes Lamentos

Lamento haber vivido bajo la sombra de la vida, encontrar tarde la luz del amor. Haber puesto a mis hijos en peligro de muerte. No haber tenido cuidado de ellos, en la casa y en todos los lugares oportunos. Haber negado recibir el amor puro, el cariño limpio, ternura perfecta y el buen afecto de los inocentes. Lamento no poder recuperar el tiempo perdido, y no tener los medios necesarios. Haber rechazado la felicidad, y el amor de mi vida. No me arrepiento haberme casado, pero si lamento con toda mi alma haberlo hecho con la persona equivocada. Lamento por no saber retenerte, para mi eterno gozo, y por los años que no te busqué con persistencia. Cuánto lamento no poder estar contigo, haber descubierto tarde que tú no eras la persona ideal para mi vida. Qué lamentable, pasar la oportunidad de ser feliz, porque jamás regresa de donde salió, y quien lo dejó escapar. Me siento cobijado por los lamentos, rodeado de una gran soledad, aunque una multitud me sonríe. El canto de las aves me alienta, más en el fondo, un eco que dice; yo sería la mujer más feliz del mundo. En medio de la oscuridad, una melodía de amor como el ruido del viento, escucho la canción de los grillos que me arrulla, el grito del corazón; yo sería el hombre más feliz del mundo. Qué coincidencia, los dos pensamos igual, y los dos lamentamos vivir bajo una farsa felicidad.

136
En Todo Lugar

Donde quiera que estés, las estrellas te guíen en las oscuras noches.
El susurro del viento, te de fortaleza.
En medio de la soledad, la nube te envuelva de cariño.
Si te encuentres en alguna parte, la luna te cubra de gloria.
Donde quiera que vayas, una luz infrarroja ilumine tu destino.
Al ver esconderse el sol en su cenit, el horizonte sea tu nueva esperanza.
Donde encuentres unas rosas preciosas, ellas te llenen de su fragancia natural.
Donde encuentres el amor de tu vida, que siempre seas feliz.
Donde veas el abandono, un ángel te acompañe con sus alas celestes.
Donde sientas tu corazón desmayar, un beso de amor te reviva.

137
Bienvenido Señor

Eres el camino con quien mis amigos deben alcanzar sus metas. La verdad, con quien mis amigas pueden lograr su propósito. Eres la excelencia, en quien todos los hombres debemos ser los mejores en la vida. La fortuna, en donde todos debemos aprovechar las oportunidades que lleguen en nuestras manos. Eres la esperanza, en quien debemos depositar la totalidad de nuestra fe. La plenitud, en el interior de nuestro ser. Acompáñanos Padre celestial, en el transcurso de los trescientos sesenta y cinco días del año. Guíanos señor Jesús, durante los doce meses, que las cuatro estaciones nos hagan sentir tu presencia. Llévenos Dios Todopoderoso, en el trayecto de los siete días de la semana. Cúbranos con tu poder y gloria, en el silencio de las veinticuatro horas. Que los sesenta segundos de respiro, sea el palpitar de tu espíritu en nuestro corazón. Que cada parpadeo en nuestra mirada, veamos tu divino luz en nuestro caminar. Permítanos ver a nuestros amigos, como verdaderos hermanos. A nuestras amigas, tratemos como verdaderas hermanas. Ver a los niños, como si fueran nuestros hijos que llevan nuestra sangre. A los jóvenes, tenerlos como nuestros fieles compañeros. Ayúdanos ante los adultos mostrar respeto, como si fueran nuestros padres. Acércanos frente los ancianos, para honrarlos como nuestros abuelos. Que nuestros enemigos, busquen el bienestar común con nuestra ayuda. En cada una de nuestras familias, prevalezca tu amor. Nuestro hogar sea como un templo, donde habite Dios, creador del cielo y de la tierra.

138
Tiempo Perdido

Te busqué de día y de noche para sentirte cerca.
Procuré encontrarte a todas horas.

En tiempo de frío o calor, esperé pacientemente tu llegada.

A veces la comida no tenía sabor, y el sueño de viaje andaba.

Minutos y horas, esperé en la puerta del trabajo y de la casa.

Dispuse el tiempo suficiente para darte un beso, y un fuerte abrazo.

Las puertas de mi casa estuvieron a la espera de tu aparición.

Te ofrecí mi mano para que fueras mi compañía.

A pesar de tu frialdad, te seguí por todas partes para sentirme amado.

Por ti arriesgué todo para demostrarte mi amor sincero.

Muchas oportunidades tuviste, para que te quedaras, y fueras la gran señora.

Todo estuvo en tus manos, a tu servicio sin condiciones.

Muchos manteles se llenaron de polvo, que por fin envejecieron.

Más nunca saliste al encuentro, para caminar y correr juntos.

Pensé que nunca me cansaría, ni me daría cuenta de tu rechazo.

Creí que yo era quien estaba haciendo mal en buscarte.

Pero comprendí que tú no eras la persona ideal para mí.

De todas maneras, no me arrepiento haberte conocido,

Sólo lamento que no haya despertado antes.

Tu cariño estuvo cerca de mí, pero tu amor al otro lado del río.

Recuperar el tiempo perdido, es imposible.

Ahora, emprendo un nuevo rumbo, para encontrar un destino diferente.

De aquí en adelante, tendrás que hacer lo mismo,

Porque si regresas, la puerta estará cerrada, que jamás podrás entrar.

Una segunda o tercera oportunidad, para mí, no existe.

Construye un puente sólido que conecte a la felicidad.

Si nadie llega por ti, empieza caminar sin tropezarte.

No dejes mirar la luz que brilla a lo lejos.

Deja el pasado donde está, ve el futuro con entusiasmo.

Vive la realidad, no la fantasía, que lastima, daña y perjudica.

Yo viviré el presente, borrando la historia nuestra para siempre.

139
Felicidades

Que tus hijos te llenen de besos, no solo hoy, sino siempre en tu vida. Tus amigos te feliciten desde el lugar que se encuentren, sin medir el tiempo y la distancia que los separa. Tus amigas te celebren con todo el respeto que hay en ellas, y guardes los mejores recuerdos que te regalan. Tus hermanos te cubran de cariño, y sientas el afecto que te tienen. Tus hermanas te abracen con todas sus fuerzas, y sientas la energía que transmiten en tus sentimientos. El ser con quien compartes tu vida, te llene de amor minimizando los defectos que tengas o hayas tenido, y te fortalezcas para seguir caminando confiadamente. Tu familia quienes te queremos, te apreciamos y te amamos como ser humano. Y deseo lo mejor en tu vida, lo excelente en tu existir, sobre todo; grandes bendiciones desde lo alto.

140
Exelente Mentira

Odio la mentira y desprecio la verdad, cuando ambos no me convienen. Los dos son actores principales en la vida del hombre, van de la mano uno del otro, y debo caminar de ellas. Luchan por mantenerse vivo y tener éxito con sus elegidos. Se disfrazan para confundir a quien sea y ganar adeptos. La mentira es dulce cuando es a favor, la verdad es amarga cuando es en contra. El hombre camina en medio de ellas como si fueran dos esposas, aunque nadie le gusta recibir la mentira y tampoco la verdad. Entonces, ¿Qué es mejor? Es mejor la mentira, porque no estás obligado para responder, lo mismo ante la verdad. Quien no sepa mentir será descubierto en cualquier momento, en cualquier lugar, por quien sea y la verdad se hará ver a todas luces. Quien no sepa decir la verdad, la mentira será la dueña del tiempo, del espacio hasta de la propia vida. Por eso hay que mentir muy bien, para que parezca que todo es verdad. Hay que mentir con estilo, de una forma única y extraordinaria. Hay que mentir con profesionalismo teniendo todos los elementos probatorios. Nunca se sabrá la verdad, cuando la mentira está bien hecha y cumple su trabajo. La verdad, no se sabrá que, eso era mentira, así también, fue una mentira que, eso era verdad.

141
Y Tú

Yo no sé amar a nadie. No sé, qué es el amor. Tampoco sé quiénes son los que me aman. Siento que ni yo mismo me amo. Me gusta más estar solo que alguien esté conmigo vigilándome como un delincuente. Cuando oigo decir, mi amor o te amo, me da risa. Pienso que el supuesto amor es pura conveniencia. Porque me ha tocado vivir, lo veo en otras personas. Dicen saber amar y esperan mucho a cambio. Piden por lo que dan, exigen por lo que ofrecen, reclaman por lo que entregan, demandan en nombre del amor por lo que hacen. A veces me pregunto si verdaderamente; eso, es o será el amor. Todo me parece un disfraz que esconde infinidad de intereses. Me es muy difícil saber quien ama realmente, y a quien amar sin equivocarse. Muchos confunden el amor con querer, apreciar, respetar y tratar bien alguien tal como sucede con los hijos, los padres, el novio o la novia. Creen que regalar juguetes, calzado, ropa, aparatos eléctricos o equipos de entretenimiento, casa, dinero, vehículos de último modelo, ramo de flores, pasar por alto los errores, es muestra de amor puro y perfecto. La realidad, es que la esencia del amor está fuera y muy lejos de quien pretende tenerlo. Son pocos los que saben amar correctamente, muchos aman equivocadamente; y tú, ¿a qué le llamas amor?

142
Alejado

Así me tocó vivir una vez que llegué al mundo. Crecí como pude y alejado de todos. Quien pudo ser mi amigo, se fue temprano sin despedirse. Quienes podían estar conmigo, siempre estuvieron lejos estando cerca. Los que estaban lejos, algunas veces estuvieron en situaciones difíciles y me tendieron la mano. De los demás, parecía que no formaba parte de ellos, al verlos pasar sin saludar, cerraron sus ojos ante el hambre que padecía. No sólo de pan fueron las carencias, sino mayormente de amor, cariño y afecto. Ahora, siento que todavía sigo igual o peor que antes. Entre más pasa el tiempo, más distante los veo, siento que están más lejos. Sus actos, son cada vez más infernales, como fusiles a exterminar sus palabras. Amenazas, odio y desprecio, me rodean todo el tiempo. Avanzo como si no pasara nada. Camino entre ellos como si me amaran. Intento comprenderlos a plenitud, pero a veces mis fuerzas sienten desmayar. Algo mejor he de buscar, quererlos y aceptarlos tal como son. Buscar la armonía, la paz y la tranquilidad. Acercarme a todos, no estar alejado, como ha sido toda mi vida por parte de ellos.

143
La Trampa

Cuando te digan que cualquier hombre o mujer se enamoraría de ti,
No creas esta vil mentira.
Cuando te digan que cualquiera se casaría contigo,
No caigas en las trampas del engaño.
Cuando escuches decir que eres de buen parecer,
No pienses que eso es verdad.
Si te dicen qué hermoso o bella eres,
No te dejes convencer por lo externo que pronto perderá su valor.
No subestimes tus cualidades ni menosprecies tus aptitudes.
No esperes que te alaben ni busques gloria pasajera.
Tú eres una persona especial para tu perjuicio o beneficio.
No eres una persona cualquiera que pueden levantar como un objeto,
Porque estás dotada de gran capacidad y de múltiples habilidades.
No esperes que te valoren, sino valórate a ti mismo.
Eres un ser extraordinario, más no ordinario.
Eres de excelente carácter, y de admirable actitud.
Eres una persona plena y cabal.
Conserva tu altura, cuida tu nivel personal,
No lo cambies por nada o por nadie.
Considérate una persona especial y única.

144
Enfermedades Del Amor

El amor, no es infalible ni es intocable. También se equivoca, y es alcanzable. No es omnipotente in invencible. También se debilita y se entristece en gran manera. Llora y grita en voz alta sin que nadie escuche su gemir. Vaga sin rumbo y dirección, cuando es abandonado. Es frágil y endeble en su esencia. Puede convertirse en cariño y en buen afecto. En respeto y servicial quienes acuden a él. Su efectividad toma otro camino, cuando es atacado o aturdido por los cuestionamientos sin motivo. La permanente duda sobre su lealtad. La constante verificación de su fidelidad. Su objetivo va en decadencia por la desconfianza. Su propósito en declive, cuando es enjuiciado sin fundamento. Pierde el interés por la exigencia más allá de las posibilidades. El acoso y la vigilancia de sus actos. El que tenga que rendir cuentas de todos sus movimientos.

Como; ¿A quién vez? ¿Por qué llegas tarde? ¿Por qué sales temprano? ¿Dónde fuiste y con quién? ¿Qué hiciste o hicieron? ¿Cuánto tiempo te tardaste o se tardaron? ¿Por qué no me avisaste o me avisaron? ¿Por qué no me llevaste o me llevaron? ¿Me quieres o me amas? ¿Ya no te gusto? Has cambiado mucho. ¿Hay alguien más en tu vida? ¿Dónde está el gran amor que me tenías? Parece que para ti no valgo nada. Soy muy poca cosa para ti. Nunca me has querido. Estás conmigo por interés y por conveniencia. Por todo lo anterior, el amor no muere, sólo cambia de lugar y se queda donde es bien tratado. Poco a poco se retira hasta que suelta o es soltado por alguien o algunos que lo enferma. No es omnipotente porque nace y vive entre los seres humanos. El amor divino, es el único infinito. Es el que no tiene variación ni múltiples rumbos. Es omnipotente y no tiene relación entre los hombres. Es la razón que muchos se arrepienten en el lecho de la muerte, por todo lo que le hicieron a alguien. Amar a un ser querido, no es lo mismo que amar a Dios. Hoy puedes ofender a Dios y mañana te despiertas con el mismo amor de ayer. Así te hayas portado mal o bien. No enfermes el amor que te ofrece la vida, a lado de un ser humano.

145
Una Mariposa

Sigo una mariposa, que tiene dos estrellas brillantes, como el sol y la luna en su resplandor. Dos alas de cada lado, que son refugio para mí existir, en tiempo de angustia y de felicidad. Las dos primeras me cobijan con ternura. Las otras me hacen descansar como si fuera en el paraíso. Las antenas captan la energía para recorrer mis venas. Los colores atraen mis emociones indecibles. Su volar arrastra mis sentimientos adormecidos. Tras ella voy como un niño para atraparla. Tropiezo y caigo, pero no la pierdo de vista. Una mariposa que vuela en el fondo de mi alma. Ella me hace reír cuando la tengo en mis manos. Me hace llorar al saber que está perdida. De alegría, de tristeza y de felicidad, gemimos al encontrarnos y unir nuestro amor. Cada batalla es motivo para unir nuestras alas, y volar juntos hacia la luna. Una nube nos espera. Una luz nos guía. Una morada celestial nos aguarda y la felicidad, es nuestra de eterna corona.

146
El Rey Dormilón

Había una vez, que un rey era muy flojo, no le gustaba trabajar, se cansaba emitir edicto y hasta se quejaba para comer. Tanto era su flojera, que un día; se escondió en un árbol más gran del palacio, y se quedó bien dormido. En esa noche, le vino un sueño muy raro. Veía muchos niños corriendo en la casa, jugando en el jardín, esos pequeños se escuchaban muy felices, con las rizas y gritos que emitían. El rey, siguió durmiendo plácidamente. Mientras su familia y los siervos no se preocuparon, porque pensaban que su majestad estaba en su recámara descansando, tal como era su costumbre. El siguiente día que se despertó el rey, bajó del árbol, fue a la sala, a la recámara de sus hijos, al comedor y a la cocina. Al no encontrarlos, se dijo así mismo, creo que todavía estoy dormido. Fue a su recámara y siguió durmiendo confiadamente. Instantes después, se levanta de nueva cuenta. Entonces, busca una toalla, jabón y un cuchillo, bueno, el cuchillo para afeitarse. Porque ya no parecía rey sino un limosnero, (uno que no tiene nada). Se metió a bañar, y con agua fría para despertarse más rápido. Salió del agua queriendo ver a su familia, pero no estaban ellos. Los buscó por todos lados y nada. Se puso a pensar y se preguntó; ¿dónde estarán? Pronto salió fuera del palacio, observó al jardín, gritó a sus siervos, preguntando dónde estaban todos. Al ver que su búsqueda era vano, se le vino en la mente de preparar su equipaje para ir a buscar a sus hijos y a la reina. En el camino encontró una hormiguita y le pregunta, ¿has visto pasar por aquí unos niños y una mujer? La hormiga contesta, no señor, no he visto pasar a nadie. Observa a su alrededor y se pregunta, ¿Dónde habrán ido? Siguió caminando, en ese momento pasa un elefante y le pregunta, ¿has visto por aquí unos niños y una mujer? El elefante contesta, no amigo mío, no he visto a nadie. Continuó avanzando, encuentra una jirafa, y le hace la misma pregunta. Ella dice, por allá andan en un jardín, hay una casa muy grande, se ríen y corren por todos lados, se ve que están felices. No convencido, le pregunta, ¿y cómo sabes? La jirafa contesta firmemente, porque desde aquí los estoy viendo. Él se puso a pensar, miró al cielo, lentamente baja su vista hacia su contorno, se siente como un clarividente, pareciera que el sol salía para él, se dio cuenta que él había abandonado su palacio, sus sirvientes, y la reina estaba sola enfrente de la nación. En su sueño, volvió a su palacio, pero en realidad no estaba dormido, sino que era un rey que no le gustaba trabajar. Los animalitos que se encontró en el camino, todo estaba en su imaginación, su memoria hacía el recuento de todo lo que poseía en la mansión. Por fin entró en razón, se puso a trabajar para el bien de su pueblo, ahora todos están felices.

147
Amor Libre

Ama sin esperar triunfos o fracasos, de quien piensas que, es el amor de tu vida, a quien te propones amar para siempre. Quiere sin la espera de recibir algo a cambio, comparte tu amor sin que tengas qué palpar con tus manos o ver con tus ojos, solamente observa con los ojos de tu corazón, y olvídate de presumir tus alrededores. Aprecia sin dictar leyes e imponer tus reglas de conducta. Ofrece cariño a la medida que dispones, para que no sientas la traición encima de ti. Permite que el amor fluya libremente hacia el santuario de tu corazón. Deja el camino libre para entrar o salir en el paraíso de tu alma. Deja que el amor se manifieste por su propia voluntad. Aprende que, si amas a una flor, tómala con tus tiernas manos. Si es para ti, vivirá mucho tiempo en tu jardín. Protégela de todo riesgo y peligro, cuando esté floreando en su tiempo, deja que te aromatice con su plena juventud. Cuídala como un tesoro invaluable, cuando la tengas en tu corazón. Porque si no lo haces, perderá su fragancia, morirá de tristeza, se irá de tu presencia y dejará de ser una bella flor. Para ti estará muerta, pero pronto saldrá un retoño que para entonces no estarás ahí. Así, pues; amar no es adueñarse de la vida ajena, ni del cariño privado, sino es recibir, retener lo que llegó, y como lo encontraste. Amar no es que impongas tus deseos y anhelos, sino integrarte, y ser complemento de él. Ama libremente sin que nadie ni nada te obligue, deja de hacerte la víctima, al no recibir lo que esperas, porque en el momento que reclamas, culpas, revelas que tu amor era cautivador, privatizador, aunque digas lo contrario.

148
El Añoro

Pueblo mío, estoy lejos de ti,
La tristeza vive dentro de mí.
Una gran soledad embarga mi alma,
En mi cama no encuentro la calma.
Estoy en un país desconocido,
Y nadie me ha comprendido.
Tierra mía déjame regresar,
A ver si aquí puedo progresar.
Amada mía, extraño tu calor y tu frescura,
Añoro estar en ti, y contigo con locura.
No me olviden quienes me vieron nacer,
Deseo con todo mi corazón volverlos a ver.
Entre muchas razas he convivido,
También a ellos he conocido.
Es bueno estar con personas de diferentes colores,
Pero mi gente, y mi familia son mejores.
Quiero escuchar la canción de las aves,
No el ruido de los vehículos o aviones.
No se puede comparar un edificio hermoso,

Con la sombra de un árbol frondoso.
Arroyos y montes, cúbranme como la primera vez,
Para que en mi vida nunca llegue la vejez.
Patria de m i alegría y felicidad,
Pronto me iré de esta ciudad.
Espérame donde nos despedimos,
Aunque digan que somos primos.

149
Los Gemelos

Una bella dama, privilegiado quien la tenga en su vida. Complacido quien con ella comparte su amor. Un gran caballero, afortunada quien lo encuentra en su camino. Sólo falta que lo sepa valorar. El hombre que trata bien a la mujer, recibirá una recompensa en el momento inesperado. La mujer que sabe respetar al hombre, estará cobijada de amor infinito. Quien entrega felicidad, quedará depositada en el corazón sincero. Gran bendición habrá si ambos buscan al Dios Omnipotente, cuando encuentren al rey de reyes, y señor de señores, vivirán en el seno del amor divino.

150
Amigos Por Siempre

Somos dos personas que un día nos quisimos, que un tiempo luchamos por estar juntos, pasar un momento agradable. Volamos como las aves para explorar, viajar hacia lo desconocido. Llevados por doquier al correr del viento, atravesando todas las fronteras del prejuicio y las barreras de la sociedad entera. Sentimos el palpitar de nuestro corazón al contacto de nuestra piel. Vimos nuestra alma e imagen traspasar puertas, ventanas y paredes que no pudieron detenernos para llegar al cielo. Nos vieron caminar juntos, reír de felicidad al aire libre. Cantar canciones de alegría, de gozo entre una multitud agobiante. Olvidar el pasado, fue la llave para vivir el presente, con cada amanecer como un nuevo nacimiento. Otro día nos amamos con toda la intensidad. La energía de nuestro ser, se estremecía a gran velocidad. La intensidad de la química retorcía nuestras venas. Entregamos el amor sin mirar el contorno. Ignoramos todas las miradas asesinas de conocidos y extraños. Nos transportamos hacia el silencio, que el rugir de nuestro respiro sacudía nuestras entrañas. En nuestras venas corrió la sangre de la pasión, la química en nuestra piel, la envoltura de nuestra esencia. Nuestros besos como dulces de la virgen miel, con la fragancia del campo natural. El siguiente día, fue el pacto de nuestra amistad inviolable. El contrato del compañerismo que nadie podrá modificar ni cambiar una letra y de ningún sentido. La carta del destino con las instrucciones precisas y de contenido infalible. Eres una gran mujer, y tú, eres un gran hombre. Un gran ser humano, y una gran persona. Una gran dama, y gran caballero. Tienes todo de mí, y me llevo todo de ti. Los buenos y bellos recuerdos de nuestra vida, estarán intactas en nuestro corazón, cubierta con nuestra piel. Almacenadas en una memoria restringida. Guardadas en una caja de seguridad, que sólo nosotros poseemos la llave. Con todo lo que vivimos y sentimos, seremos amigos por siempre, así nos condene el mundo justiciero.

151
Nuestra Historia

A nosotros nos eligieron o nos hicieron elegir a quien queríamos, pero no elegimos a quien amábamos. Nos fuimos tras un ser desconocido, al amparo de la suerte. Estuvimos a lado de la persona que no teníamos idea de quién se trataba ni sabíamos cómo era realmente, su forma de pensar, de entender las cosas más simples, el criterio personal y la convicción de la misma vida. Vivimos en medio del desierto, donde todo era sequedad por el calor del sol, los vientos susurraban agonía, la inmensidad de la lluvia era absorbida por la arena con el calor ferviente. Del suelo subía vapor, cual nos asfixiaba en gran manera. Anduvimos entre las montañas con luces pequeñas, que la luna reflejaba en su plenitud, para que no perdiéramos la esperanza. Que algún día saldríamos de ese lugar, que un futuro mejor vendría hacia nosotros, aún sin saber el tiempo, la distancia y el lugar que encontraríamos la recompensa, que tantos años nos hizo falta en nuestra trayectoria. Caminamos sobre objetos cortantes e hirientes que, en complicidad de las espinas, creíamos que así era la vida, que así nos tocó vivir, y que así era nuestro destino. Un día menos pensado, un momento nunca imaginado, llegaron los tres amados en nuestra presencia, cual impacto provocó en nuestra mente, en nuestro corazón y en nuestra alma. Nuestros sentimientos fueron removidos como si hubiese llegado un gran terremoto, sacudidos como si fuese el fin del mundo. Sentíamos que nuestras venas se reventaban por el torrente de alegría, nuestro cuerpo se electrocutaba de gozo, al vernos frente a frente. Nuestras lenguas y nuestros labios, no podían pronunciar palabra alguna. Fue increíble que después de muchos años, se hayan presentado sin previo aviso, sin algún indicio anticipado que nos pudiera prevenir de cualquier descuido. Solamente aparecieron en nuestro camino con una sonrisa de felicidad, una mirada de libertad, una voz de amor. Por fin, amanece para nosotros, un poco desconcertados, pero con la seguridad de que esta vez, era nuestro tiempo, la hora de hacer nuestra propia elección. Todo cambió en un instante, no podíamos ver la luz del sol por la sorpresa que oscureció nuestro existir, no era posible creer la cadena rota que nos ataba desde hace mucho tiempo, no podíamos asimilar que el vacío en nuestro corazón, había desaparecido por completo. Ahora, la felicidad, el amor y la libertad, están en nuestras manos para poseerla, gozarla, disfrutarla, vivirla y morir en medio de ellos. Hoy, desde nuestro pobre y humilde tejado, observamos corazones agonizando en medio un paraíso. Vemos almas claudicando a lado del río. Miramos con tristeza vidas encadenadas como un animal feroz, estando libres, sentimientos marchitándose con lentitud como una flor, por falta de agua, teniendo todos los medios en su poder, por falta de aire puro y libre de contaminación, sabiendo que a unos pasos está la corriente de aire que proviene del río o del mar. Comprendemos y entendemos, a cada uno de ustedes, porque un día estuvimos así, sin luz, sin esperanza y sin un sueño a realizar. Por eso compartimos nuestra historia para que no permanezcan donde no son felices, no se queden donde el reclamo es la fuente de respiración, no se rindan ante el rechazo, que es el cobijo de la perdición, ni se enmudezcan frente la exigencia sin razón, porque es la muerte segura en vida.

152
Inocente

No soy criminal, pero así me han tratado.
Ni ladrón, aunque así me han catalogado.
Soy un ser que no sabe amar a la perfección,
Pero lucha por estar en la correcta dirección.
Lo poco que tengo para amar,
Trato que no se lo lleve el mar.
No me pidas más amor de lo que tengo,
Porque después, por ti ya no vengo.
Se feliz con lo que te doy,
Y siempre sígueme por donde voy.
Mi amor por ti no se acaba,
Solo que lejos de ti andaba.
Al no amarte como tu quisieras,
Comprenderías, si en mi lugar estuvieras.
Que quede bien claro,
Sin culpa me declaro.

153
Cambio De Rumbo

Apareciste en mi camino, que no fue accidente. Caminé junto a ti, que no fue casualidad. Me diste tus manos, no por compasión. Me hiciste partícipe de tu vida, no por lástima. Me dejaste descansar en tu corazón sin tener derecho. Tu amor fue mi puerta de salida, para una nueva vida. Tu cariño fue el despertar, que desde el fondo de la oscuridad me encontraba. Tu personalidad y carácter, para volver a vivir sin miedo. Tus dulces palabras las llevo a cualquier lugar, porque me inspiran y me dan valor. Aquí ha empezado el recorrer con nuevos horizontes. Todo parece ser desconocido y confuso. Me pregunto; ¿Dónde habré de llegar? Encuentro y veo muchos caminos. Muchas puertas abiertas totalmente, otras cerradas con las llaves puestas. Una situación que me toca vivir y elegir con precisión. Muy difícil pasar esta prueba de fuego. También hay dos piedras en el camino que impiden llegar hacia una de ellas. Se interpone un gran desierto. Estoy frente una gran montaña y detrás, un abismo. Pero el eco de tu voz angelical, allá lo lejos y en mi caminar, oigo decir: *Con o sin mí, tienes que seguir adelante.* Confieso que sin ti ha sido muy complicado, me ha costado mucho trabajo sacarte de mi corazón. Contigo pudo haber sido fácil reconstruir mi vida. También pudo ser muy diferente perfeccionar lo que un día nos unió. Pero regresar donde empezamos, es imposible. Me resta mirar el reloj que avanza en su ritmo normal. Caminar me queda derribando barreras. Sentir el tiempo que cada vez es más corta. Debo avanzar y llegar antes que todos. Me toca aprovechar las oportunidades venideras. Luchar sin desmayar hasta el último momento. Llegar al lugar que me espera, cual esperanza para descansar por siempre.

154
El Permiso

Si crees en Dios, no hagas de tu vida lo que quieras. Si reconoces la supremacía divina, no presumas poder ni demuestres que eres invencible. Cuando te sientas frente la muerte, te darás cuenta que la vida no es tuya, todo lo que posees no alcanza para pagar, y evitar que te lleven a otro mundo. Todo lo malo que pasas, es un motivo para que mires al cielo. Todo lo bueno que vives, es para que eleves gratitud quien te dio la vida. El día llega apresuradamente, la noche viene con una atroz inseguridad. Se va la luz de la vista, las tinieblas hacen presencia para atemorizar quienes han abandonado al creador. Quienes han seguido sus propias reglas, han creado sus propias doctrinas, que en nada servirá a la hora de la partida. La hora viene, la hora llega, es tiempo de abandonar al mundo. Alguien ha pedido permiso de Dios, para que te presentes ante su presencia, rindas las cuentas de tu vida, y respondas por el mal o por el bien que has hecho.

155
La Mentira

El mundo dice, estás muy joven para casarte o estás muy viejo para enamorarte. El mundo piensa que solamente siendo joven se puede enamorar, no cuando ya eres grande, adulto o viejo. Cree que siendo adulto, se puede enamorar una sola vez. Se imagina que sólo en la juventud se puede ser cariñoso y amoroso. Induce que conforme va avanzando la edad, también el amor se acaba, el cariño se agota, los sentimientos envejecen, condenando así al ser humano morir en medio del engaño social, y hundido en la farsa vida espiritual. Es la mentalidad del mundo que lleva a la sociedad hacia una vida de opresión, bajo una esclavitud y de infelicidad, aunque por sí sólo, el mundo no es malo, sino quienes la integran y forman parte de él. Se ensaña contra la minoría, quienes actúan contra sus ideologías, juzgan y sentencian quienes buscan lo mejor para sus vidas, haciendo uso de sus derechos para ser feliz, amar y sin perjudicar a nadie con o sin intención de sí mismas. El mundo es uno mismo, encerrándose en su corta visión, y en su poco criterio, que por ende, su deseo es que todos piensen, crean, vivan igual, humillados y resignados a no luchar más. Antepone su interés, su felicidad, su comodidad, su bienestar, no le importa la situación y el sentir de los demás. Busca a toda costa para que otra persona no sea feliz donde mejor le parezca, sirve de estorbo para que otros no logren sus propósitos, no sabe reconocer sus errores ni puede aceptar su culpa, porque las consecuencias de sus actos no le favorecen. Nadie es obligado hacer lo que no le gusta, cuando se trata de sentimiento, porque el sentir no se puede negociar, aunque algunos lo han convertido como mercancía que aparentemente el mundo así se lo exige. El mundo que rodea cada persona, no es el responsable ni tiene la culpa de la desgracia, del fracaso, de la equivocación y el desatino fatal sino quien lo hace marcando, decretando así su destino final.

156
El Efecto

Las estrellas brillan de alegría por tu caminar en medio de ellas. Las olas del mar se regocijan con tu presencia relumbrante por el cual forman un arco iris donde puedas pasar con honor y gloria. La Oceanía sigue tus pasos cual espejo brilla de gratitud. Las flores ondean de felicidad con tu dulce soplo. El río toca la melodía pasional para posar felizmente. Todos te miran como si fueras de otro mundo. Silenciosamente caminas para no interrumpir mi sagrado sueño. Mi alegría es verte pasar frente a mí. Mi felicidad es contemplarte como la diosa del universo. Alcanzarte no puedo porque tu velocidad es ligera mientras yo soy lento. Sólo tu plenitud me inspira para seguir viviendo, y sentirme como el único amado en tu presencia. Siempre estás conmigo y eres mi fiel compañía. Estoy feliz porque eres mi especial y máximo regalo.

157
Volviendo En Sí

Caminé sin luz habiendo una gran antorcha. Me guie con velas y candiles bajo la luz del sol. Dejé el abrigo de algodón para cubrirme de hojarascas y podridas. Mis alimentos fueron pastos secos que perforaron mis entrañas. Sobre espinas y abrojos dormí con la esperanza de ser rescatado. El hielo fue mi cabecera para no sentir el golpe y el dolor. La única y fiel compañía, fue la soledad cuando estaba de rodillas. La oscuridad se interpuso entre el fuego de vivir, y la llama ardiente de triunfar. Por fin abro los ojos y piso la tierra. Toco la puerta, hay diversidad de luz que reflejan en el rostro de los que me esperan. Estoy despierto y vivo. He llegado en el paraíso del amor perfecto. Ganas de vivir y ser feliz.

158
Sobrevivencia

Bajo gran almud permanecí,
Donde la luz nunca conocí.
El que me tomó de la mano,
Me levantó y no era humano.
Me persiguieron mis enemigos,
Me abandonaron los amigos.
Seguí mi camino con mucho sacrificio,
A punto de caer en el precipicio.

Cerquita vi la muerte,
Pero fui más fuerte.
Muchos impidieron que fuera a la escuela,
Convertidas como gran dolor de muela.
Seguí caminando entre enfermedades,
Con muy pocas amistades.
Uno de mis hermanos me odiaba,
Porque con el pueblo no participaba.
Ahora soy feliz en mi casa,
Sin mirar quien llega o pasa.

159
No Supe Quién Era

A mediados del año 2012, en uno de los viajes que acostumbraba realizar, iba caminando entre las calles de Guanajuato, México; cuando de pronto miré una persona que simbolizaría el presente, un ángel que representaría el futuro o una momia que hablaría del pasado, parada en la puerta principal de un mercado en el centro de la ciudad. A distancia como de diez metros, fijamente observaba mi caminar sabiendo que me dirigía hacia esa dirección. Por cortesía, le saludo con un; buenas tardes señora. Como toda una dama, contesta; buenas tardes joven. De aquí comienza la conversación, enseguida me pregunta, ¿de visita y a dónde vas? En aquel tiempo, mi plan era de regreso a México, llevaba la mitad de mis pocas pertenencias personales. Razón que respondí, sí; de visita, voy al DF, (Distrito Federal) y de ahí, a mi tierra natal. No conforme con mi respuesta, me hace otra pregunta; y, ¿de dónde vienes? De Estados Unidos. Entonces vas a visitar a tu familia, sí, pero voy a dejar una parte de las cosas que traigo, porque el próximo año, voy a renunciar mi trabajo para regresar definitivamente a vivir en mi pueblo. ¿Renunciarás tu trabajo y también te vas de Estados Unidos? Si, allá, ya no tengo nada especial que hacer, pues; trabajo hay en todas partes. En mi pueblo tengo donde llegar, con quien estar y qué hacer. Ella replica, yo no entiendo a la gente, cientos o miles de personas de todo el mundo, intentan y luchan por llegar a ese país, arriesgando sus vidas y su integridad. Pasando hambre en el mar, sed en el desierto y hasta en peligro toda una familia. Tú, teniendo el privilegio, los beneficios de la ley, las oportunidades de hacer muchas cosas y dices; ¿ya no tengo nada que hacer? Si regresas como huyendo y te sientes culpable, te has equivocado, porque no es así; Solo te digo que pienses muy bien lo que vas hacer, no vaya ser demasiado tarde cuando te des cuenta y te arrepientas, al ver que no queda más remedio. Allá, hay gente que te espera, es verdad que no son tu familia. Allá está lo que siempre has querido ser y hacer. No abandones tu sueño, para que no lamentes al final de tu día. Mucha gente hay detrás de ti, da un paso y verás que no estás sólo. A unos conocerás de cerca y a otros jamás verás en persona. Te verán donde no te imaginas, tendrás lo que no has poseído, recibirás lo que no esperas. Recuerda que, hasta el día de hoy, no has hecho tal cosa como lo que pretendes en este momento. No lo tomes a mal por lo que te digo, pero vas por camino no deseado, y tomaste una decisión equivocada. Joven, ha sido un placer conocerte, saber de ti y he tenido una plática muy amena como nunca en mi vida. Poco a poco nos fuimos alejando y cada quien tomó su camino, seguí viendo los zapatos de toda clase, alrededor de dos horas regresé al hotel y esa vez, no me dieron ganas de ir a comer fuera, preferí cenar en el mismo lugar. Entre comiendo, meditando, analizando, pensando en la decisión que había tomado, concluí que la persona tenía la razón. El día siguiente, volví por Guadalajara, pasando Aguascalientes, Durango y retomar el camino hacia la frontera. Ya no llegué a mi destino original, mi familia y nadie más supo de mi aventura. Aprendí que si tú familia o tus seres queridos más cercanos no te anima que sigas adelante y triunfes, otras personas que ni conozcas lo harán por ellos. Estarán ahí para apoyarte con una sola frase, un gesto o un abrazo de buen deseo. Escucha los dos consejos, los malos para que te hundas y caigas al abismo, los buenos para que escales, llegues a la sima y ahí te mantengas sin menospreciar a nadie. Sé un buen ser humano, no un ser prepotente que se enorgullece y se enaltece, porque tal adorno conduce a la muerte. No la muerte física sino el abandono, el desamparo y la soledad en el cual te hundes tú mismo.

160
Agonía

Estoy muy lejos para darte un beso,
Me siento como el mismo Cerezo.
Tus labios son como una cereza,
Que tanto me hace falta,
Como la dulzura de una fresa,
Aunque te veo muy alta.
Canto y lloro por tristeza,
Por más que mantengo mi firmeza.
Sueño contigo vivir feliz,
Aunque no seas una emperatriz.
El hambre me ha abandonado,
Y la sed me ha traicionado.
No te tardes en venir por mí,
Para que me puedas resucitar,
Déjame vivir junto a ti,

Que mi dolor puedes disipar.
Acerca tus dulces labios,
Para refrescar los míos.

161
Nube Gris

Años compartidos, tiempos difíciles.
Momentos felices, ocasiones tristes.
En medio de la tormenta, un respiro.
En las oscuras noches, está el vampiro.
En el fondo del dolor, la impotencia.
Entre mar de lágrimas, la clemencia.
Días de alegría, una breve felicidad.
Y las horas van a mayor velocidad.
Entre supuestos amistades, los intereses.
Ante los enemigos, los jueces.
Al nacer hay que gastar para sobrevivir.
También hay que pagar hasta para morir.
Las enfermedades causan las preocupaciones.
Hasta descuidar todas las ocupaciones.
Nada es gratis del cual enorgullecerse.
Solo hay dos cosas regaladas,
La vida y la salvación que viene de Dios.
Los amigos, los enemigos, la familia, van y vienen.
Se feliz con quien estás, y has feliz a quien tienes.

162
Frases Selectas

De las buenas intenciones está lleno el mundo, más de las buenas acciones que tanto le hace falta la humanidad, está vacía. No puede haber una buena decisión, si no hay un buen plan. De buenos mensajeros está rodeado la gente, y los mensajeros viven de su propio engaño. De las buenas apariencias vive el hombre, mientras en su corazón hay oscuridad y tiniebla. Del buen deseo todos luchan, pero pocos actúan para lograr su propósito. Tras las promesas falsas va el hombre convenenciero, más el trabajador tras la promesa que no se ve. Muchos buscan la abundancia para ser feliz, y convierten su vida, vacía como una tumba. Quien cierra los ojos ante la realidad, ha perdido la razón. Las promesas son como neblina, porque un momento después, ya no se acuerda nada. Un inteligente no se fija en la apariencia, sino en lo oculto del corazón. Un sabio no mira el rostro relumbrante, sino lo que escucha en cada sonido que el viento azota y el río canta. Un buen pensador no se convence lo que ven sus ojos, sino lo que capta los ojos de su mente. Un varón no se fija lo que le ofrecen, sino lo que representa el obsequio. El valor de un caballero está bien asegurado, por más que una mujer trate de abrir el baúl. Hasta el más fuerte cae, y el más poderoso se colapsa. El mejor sabio escucha los consejos de los demás, mientras el peor ignorante se cree más sabio que otros. La izquierda representa debilidad y la derecha la fuerza, pero es mentira, los dos no son importantes sino indispensables. El triunfo se construye con la humildad, y se derrumba con el orgullo. Lo material es placentero y pasajero, más lo divino es felicidad y eterno. Pensar que el mal es temporal, creer que el bien es para siempre, es mentira, porque los dos son eternos estando separados. El diablo representa oscuridad, y Dios, la luz. El sol guía en el camino, y la luna vigila durante la noche. El día es para trabajar, y la noche para descansar. El hombre cambia sus reglas mientras la ley de Dios, es intocable. El destino no existe por sí sólo, sino uno mismo construye su destino. Convierta tu vida más ligera, y agradable para que no desees vivir eternamente. Comparte lo mejor más frecuente, y exalta lo excelente todo el tiempo. No dejes ir al amor de tu vida, si eres correspondido o correspondida, si tu amor es rechazado, no insistas, porque no eres para él o para ella. El valor de una persona no está en lo que tiene y ofrece, sino lo que entrega sin ofrecer a quien no conoce, para no recibir ningún pago, gratitud o premio. Es más fácil destruir lo construido, que construir donde no hay nada; al igual, es más fácil hablar que hacer, porque uno implica obligación y la otra, una responsabilidad que nadie quiere asumir. Aunque no creas, el sonido que se escucha de la boca, es el reflejo del corazón. Lo que vez, y como entiendes las cosas, es la calidad de la mente.

163
Una Obra Perfecta

Si quieres tener una hija o un hijo triunfante en la vida, aquí hay varios pasos qué seguir y pronto verás el resultado que deseas. Empieza hablando mal del papá de tus hijos desde antes que ellos nazcan. Cuéntales la negra historia, para que vean y sepan el tipo de papá que tienen. Sigue diciéndoles que es un irresponsable, un poco hombre y falta de palabra. También, no se te olvide mencionar que su papá es un mujer llego, adúltero, mentiroso, ladrón y ratero, más lo que se te ocurra imaginar, para que tu obra vaya perfeccionando como lo has planeado. Hágales ver y sentir, que su papá no los quiere, que nunca los quiso como hijos. Que no se preocupó por ellos ni siquiera para darle de tomar un vaso con agua. Cada vez que puedas o tengas oportunidad, recuérdales los castigos, los golpes, los regaños o la llamada de atención por haber hecho algo mal. Lleva contigo a uno de ellos o de ellas a las calles, casa por casa, en la escuela, en el trabajo o donde se encuentre el hombre para saber, y encontrar quién es la culpable del por qué, él no está con los hijos. No pases por alto hablar con los abuelos, los tíos, sobrinos, primos y hasta con personas que no tienen que ver nada. Informa a todo mundo que tus hijos están muy tristes, solos y al desamparo por el abandono de su padre, no para ir con otra mujer sino con otras mujeres. Continúa realizando tu trabajo usando una plataforma o púlpito en una iglesia o congregación, plaza, parque o banquetas para relatar la biografía y expediente, de quien creían ser un buen hombre, no importa la veracidad o la confiabilidad del contenido. Conforme van madurando, nunca les hables del poco bien que hizo el papá, concientízales que él, no es digno ni merece ser llamado, padre. Una vez terminada tu obra, tendrás el fruto deseado en dos posibilidades; primero, cuando tome la justicia por su propia mano, si la ley lo alcanza, célebrele en la cárcel el triunfo, llevando dinero, ropa, comida más lo que necesite. Segundo, si le va mejor, llévele flores todos los días o todas las veces que puedas en la tumba, así te sentirás satisfecha, contenta, feliz de haber envenenado, el alma, el espíritu y el corazón de uno de tus hijos, si no es que todos están llenos de resentimiento, rencor, coraje y de odio hacia el padre que los engendró. Por último, si no quieres ver a ninguno de ellos a temprana edad en esas dos posibilidades, has lo contrario de los pasos anteriores, da un giro de tres cientos sesenta grados. Ojalá, te alcance el tiempo para construir y empezar de nuevo una obra diferente, porque de no ser así, habrás echado a perder la vida total de tus hijos, y eso será tu eterno castigo.

164
La Lucha De Poderes

Desde el punto de vista creativo o evolucionista, cada quien busca dominar al mundo.

El poder político, para gobernar sobre otros e imponer sus leyes aún contra la voluntad de la mayoría. Mientras los integrantes de la misma, tienen el derecho, la libertad y el poder de desobedecer sus propios decretos.

El poder económico, para beneficiar y acaudalar a un número reducido, quienes se adueñan lo que no les pertenece, provocando así una desigualdad social, tanto con los individuos, la naturaleza y los espacios que sufren las consecuencias interminables. Ejemplo de ello, hay más pobres que ricos en el mundo, la naturaleza ambiental en decadencia, todo hacia el exterminio, el espacio aéreo cada vez más invadido, contaminado la Mar y la Oceanía.

El poder de la fuerza individual o de grupo, para someter a los débiles, para esclavizar a los caídos, limitar quienes pudieren desarrollar sus capacidades y sus habilidades para el bien común.

El poder científico, quien se encarga decidir, qué remedios tomar, qué recursos utilizar. Como resultado final, todo es para acortar la vida quienes con gran esperanza quieren alargar sus vidas y su salud.

El Poder de la religión, que lanza lo espiritual hacia los menos entendidos, que saca provecho para el bien personal, familiar o de cierto grupo. Quien se opone por las prácticas impuestas y actuaciones contrarias a lo establecido en la doctrina bíblica, lo tiene por hereje, apóstata y lo saca fuera del supuesto reino de Dios. La religión promete esperanza eterna para ilusionar al hombre, haciendo creer que un ser invisible solucionará todos los problemas que el hombre le aqueja.

El poder tecnológico, que con su influencia en las vías electrónicas y medicinales, hace menospreciar a la naturaleza, obliga indirectamente pisotear la eficacia del poder natural.

El poder de la ignorancia, el enemigo universal del hombre que trasciende de miles de años y de generaciones innumerables. Somete a sufrir, a llorar, lamentar, rendirse ante una posible libertad y de triunfo. Se encarga que nadie alcance el gozo, la alegría la felicidad que merece en el campo laboral, familiar, personal o social. La ignorancia domina a grande y pequeños, a los letrados y a los analfabetos, nadie está exento de este poder absoluto.

El poder cultural, es el que somete a sus verdugos con sus reglas y leyes, basadas en convicciones propias, no de investigación ni de consulta, su cultura hace rechazar a otras culturas que pudieren ser otra vía de aprender nuevas formas vida. Por tener una cultura única, abandonan otras oportunidades de bienestar y progreso, con tal de no perder, se niegan a desenvolverse hacia otros rumbos y otra clase de vida.

El poder tradicional, es el que arrastra las generaciones familiares, que se monta en las raíces de los antepasados, que hace arrodillar ante el miedo de ser enjuiciados y condenados por conocidos y extraños, este poder, lucha por conservar su espacio, tener sus seguidores bajo control, haciendo todo tipo de prácticas a conveniencia de la tradición.

El poder psicológico, que utiliza la fuerza de la mente y no física, de aparente benévolo, que debido a ello, los demás poderes hacen uso de ella, así insertar sus ideas, ya sea provocando miedo o inspirando confianza.

El poder familiar, es la que hace renunciar el gozo, la alegría, la felicidad y la vida misma, haciendo creer que la familia es primero.

El poder educativo, es la que lucha contra todos los poderes dominantes sobre la masa del hombre. Que también sigue y busca sus propios intereses, por eso incita ser selectivo e invita ignorar a otros.

Los poderes se usan entre sí, para mantener, conservar su espacio y no verse exterminados. Aunque es imposible que uno de los poderes existentes desaparezca, porque forma parte de la vida del hombre.

165
Una Prueba

Miro el sol caer, cual mis fuerzas siento declinar.
Observo la luna bajar, que mi esperanza siento alejar.
Cuento las estrellas que brillan, y ninguna es para mí.
Sendas y veredas he cruzado, para llegar a ti.
Abro mis ojos y eres como neblina,
Porque no puedo estar contigo en la colina,
Me impiden avanzar espinas y abrojos,
Cual viento hace llorar mis ojos.
Mucho tiempo y tantas horas han pasado,
Y todos mis competidores me han rebasado.
Vuelo en el espacio sin tener compañía.
Con el sueño de encontrarte algún día.
Un fuego que consume todas mis fuerzas,
Por el ardor de mis grandes tristezas.

166
El Pensar

El pensar, es una habilidad que el hombre o el ser humano posee por naturaleza, que no se puede regalar in comprar en ningún sentido ni en ninguna forma. La causa del pensamiento está en el contorno de la vida, la cual es la capacidad del hombre que atraviesa cualquier obstáculo o impedimento físico. Vuela en los espacios y profundidades inimaginables. Transita en luz y tinieblas. Nadie lo puede detener ni ser visto por alguien de carne y hueso. No descansa en ningún momento para lograr su objetivo. No está sujeto bajo hora ni tiempo. Es la razón de todo conocimiento que se almacena para cualquier emergencia. Genera ideas y demanda acciones para beneficio o perjuicio, ajeno o propio. Así exista desvelo, cansancio, agotamiento físico, moral, familiar o social. Pensar, es el arte de ejercitar el cerebro, aún mejor si son para bienestar social empezando con la familia, con los amigos y con quienes tuvieren alcance del mismo. Es a quien se le puede decir el juego de palabras; pensamiento, no me hagas pensar tanto, no me dejes tan pensativo ni me conviertas un pensador, porque pensaría que no existes. Si me dejas pensando el resto de mi vida, se confirmaría lo que había pensado antes, pensar antes de actuar.

167
La Última Salida

Siempre he estado contigo, aunque muchas veces no me tomas en cuenta. Te he visto llorar, porque quisieras verme, y descargar muchas cosas que te agobian. Te he observado desde lejos cuando te sientes sola, y de cerca me has tenido, pero siempre sigues tus anhelos. Algunas veces te he escuchado reclamar, el por qué no logras tu meta. Muchas veces he sentido tu gemir, pero me ignoras como si no existiera. He mirado derramar tus lágrimas, y he oído el sufrir de tus desgracias. En medio de tu desesperación quisieras morirte, pero al mismo tiempo tienes miedo. En sombra y luz, te he acompañado, aunque no me ves. En soledad o en multitud, te he apoyado incondicionalmente sin esperar nada de ti. Aún estoy aquí cerca, sólo mírame con los ojos cerrados. Escúchame con los oídos tapados. No intentes ni trates tocarme. No me digas que soy Dios, porque él me envió para estar contigo. Sólo cree que tendrás lo que buscas y lo que quieres. Dame un pequeño lugar en tu vida, porque soy la esperanza.

168
Paloma Y Gorrión

Dos seres que pueden crear, y construir un nuevo mundo. Seres que también pueden destruir toda una vida. Desde el más humilde hasta el más orgulloso pasan por ellos. Pueden marcar el rumbo de la felicidad a grandes y pequeños, a pobres y ricos. No hay poder humano que pueda evitar de ser los más buscados como peligrosos delincuentes. No tienen pies para caminar ni alas para volar, pero acarrean tras sí, a hambrientos, moribundos y adinerados. Corren a velocidad de la luz del Sol, pero atrapados como conejos y encerrados en la cárcel. Culpados y sentenciados a muerte, aunque son inocentes. Son vigilados como los peores seres de la vida e indefensos ante sus acusadores. Se les da a comer y beber cuando su verdugo quiere. Lloran y se quejan en silencio. A veces prefieren la muerte cuando son utilizados como objetos sin vida, sin afecto y sin sentimiento. Siempre están dispuestos a servir para bien o para mal. Sufren usurpación y deformación de su esencia, pero sus corazones jamás lo podrán cambiar. Enfrentan todo tipo de crítica, descalificación, burla, maltrato, insulto, desprecio y maldición, como si fueran los autores de la desgracia. Tal vez, por eso siempre están escondidos aún en contra de sus voluntades. Pocas veces reciben un buen trato y digno ser amados. Por encima de todo, tienen dos misiones que cumplir. Dar vida sin distinción alguna y mantener la felicidad cuando llega en sus manos. Si un día encuentras a la Paloma o al Gorrión, trátalos bien, lo merecen en gran manera, porque crean satisfacción y placer. Respeta su dignidad, porque de ellos dependen tu vida y tu felicidad. También recuerda, que no son sus verdaderos nombres por seguridad propia.

169
Luz Y Vida

Dos bellas estrellas iluminan mi camino, para no caer en vacío. Dos grandes fuentes me dan vida, cuando mis entrañas sienten desmayar. Frente su gloria y sublime luz resplandeciente, me introduzco hacia la eternidad. Tu rostro es la ofrenda de gracia para mí vida, y tu cuerpo es la corona de mi ser. Reluciente entre millares de estrellas cual brilla eternamente, para jamás perder la esperanza. Orquesta musical tu voz como la canción del río, en los momentos de mi soledad. Nobleza y estandarte tu imagen, como la misma divinidad presente. Torrente de alegría es tu sonrisa, que incomparable refulgente tu belleza. Venerada con honores por la misma naturaleza, con los cantos de las aves, grillos, el susurro del viento al traspasar la montaña. Eterno y grande tu ternura cual reina del ser humano y del universo. Ostentosa y vivificante en la vida, que sólo un afortunado puede tener.

170
Las Tres Falacias

Noviazgo, parejas y esposos.

La novia, es la atracción donde las palabras dulces abundan en toda su dimensión. La etapa de pareja, donde dos personas conviven bajo un mismo techo. La era de los esposos, donde dos personas viven como si fueran extraños.

En la primera, se manifiesta la buena intención, el perfecto amor. En el novio o la novia, es en quien se piensa, se quiere estar por encima de todo. En el noviazgo, se demuestra el amor incondicional, el cariño sin contaminación. La maravilla, es una majestuosidad y extraordinaria. La hermosura, es exorbitante. La belleza, es envidiable. La grandeza y el reconocimiento, es invaluable. No cabe ni hay duda de que el amor los une para una perfecta vida. La visión de llegar a ser feliz, no hay titubeo ni cuestionamiento. Todo indica que el camino conduce a un paraíso eterno. Parece que es el tiempo de empezar a vivir lo que muchos no alcanzan lograr por más que se esfuerzan. Los padres, los adultos, se convierten en ignorantes, los ancianos, de anticuados. Los únicos y los verdaderos sabios e inteligentes, son los novios. En esta etapa no hay reclamos, exigencias ni subestimaciones entre sí. Y cuando los hay, se tolera, se ignora, se soluciona con abrazos y besos. Las palabras subliminales o casi se puede decir divinas, la cura y la barita mágica, simplemente es, te amo, te quiero mi reina, mi cielo, mi preciosa, hermosa y mi vida. Ante este panorama, tanto hombres como mujeres, cofunden lo que hay detrás de toda actuación, la ficción, la realidad disfrazada. En otras palabras, en el noviazgo, todo es ficción, nada es realidad. Termina el noviazgo, desaparecen los privilegios, los halagos, el tomarse la mano, caminar abrazados como seres inseparables. El noviazgo no es otra cosa, más que una trampa para la juventud, una vez que caen en esa red como de pescadores en alta mar, no pueden cambiar de opinión ni dejar al novio o la novia, porque los padres o la misma sociedad los juzgaría y los condenaría con críticas infernales. Debido a ello, se inventa y se crea la etapa de pareja, donde dos personas conviven bajo un mismo techo, aunque éste término aplica para los animales, pero la sociedad ha impuesto la creencia de una pareja para ser visto en categoría más baja y sin valor. Se sobre entiende que una pareja, es como si fueran esposos. Es la forma más conveniente de vivir sin responsabilidades, sin compromisos ni obligaciones. Comparten por igual los quehaceres cotidianos, ambos buscan el bienestar, los dos trabajan fuera de la casa, predomina el interés de vivir juntos. No hay reglas de confianza ni de conducta, no hay disciplina, solo hay igualdad de derechos, oportunidades y privilegios. En la relación de pareja, no existe favor, se pide, se reclama y se exige. En ella está la más cómoda vida, porque no se puede divorciar, no hay freno legal, moral ni regla espiritual. El día que uno de ellos se quiera ir, la puerta está abierta, el camino está libre, porque lo único que los une, es el cariño con intereses, los hijos de por medio, como el lazo temporal, una vez que ellos crecen y llegan a ser mayores de edad, las obligaciones terminan. La pareja, es una sombra gris, que muchos no pueden ver ni quieren aceptar, porque les incomoda y sienten herir sus sentimientos. Mientras la tercera mentira, pudiese ser la resignación o el último recurso, el matrimonio. El error más grande del hombre, por creer que llegar ante un juez civil, presentarse ante un religioso, pregonar ante una multitud, un evento trascendental, se obtiene la durabilidad del matrimonio, se garantiza la felicidad eterna. Por pensar que, haciendo una escalada de gastos, se asegura la inviolabilidad de los mínimos derechos del hombre, el inquebrantable respeto entre ambos. La perfecta conversación en toda la vida, hacer creer a todo mundo que son buenos y mejores esposos. Todo ello, el noventa por ciento, nada es realidad, contra el diez, que vive un matrimonio al filo de una espada. Esto es, cualquier movimiento en divorciarse, será juzgado y condenado, que no es capaz de retener a un hombre, y que no es hombre para estar, a lado de la mujer. Entre los novios, un engaño, como en las parejas, una falsedad. Entre los esposos, una mentira, donde la hipocresía los agobia, donde la vida de ambos, se contamina como agua estancada. Sólo que no lo pueden gritar a los cuatro vientos, que no están felices, que ya no se aman, porque el día que lo hagan, serán criticados, juzgados, condenados por la sociedad, tienen que aguantarse hasta que uno de los dos se muera.

171
Rey O Reina

Muchos quieren ser rey, también muchas sueñan ser reinas. Todos anhelan vivir en palacio del rey, desde ahí gobernar para controlar sus súbditos. Muchos se esfuerzan encontrar a su princesa, para que el castillo se convierta en pesadilla. La mayoría lucha por encontrar a su príncipe, para que la riqueza sea el centro de la envidia. No desees ni busques ser ninguno de ellos, porque el rey, y la reina, solo saben mandar y dictar decretos. Por el lugar donde están y el papel que ejercen, hay una distancia que ni entre ellos permite estar juntos para mostrarse amor mutuo. Mejor busca ser príncipe, para que lleves a la princesa a una cueva que es tu alma. Busca un árbol para que te cubra y te proteja, no flores, porque morirá pronto. Busca ser plebeyo para que vivas en el palacio del amor. Sé una princesa para que tu príncipe habite en el castillo de tu corazón. No llenes el palacio de tu amor con servidumbre, ni el castillo de tu corazón con guardias. Sirve a tu príncipe y a tu princesa, por el amor desinteresado que hay entre los dos. De tu plato coma el rey, y de tu vaso beba la reina. Nadie servirá mejor que tú mismo, porque la gratitud, el honor y el reconocimiento, todos serán para ti.

172
Sin Invitación

Si me deseas, no me hables.
Si me quieres, no te acuerdes de mí.
Si me amas, no me implores.
Si me buscas, no pierdas tu tiempo.
Si piensas en mí, no me extrañes.
Si me recuerdas, no llores por mí.

Si me sueñas, no preguntes nada.
Si no eres feliz conmigo, yo te acompañaré.
Si me quieres tocar, solo sierra tus ojos.
Y si me vuelves a ver,
Es que siempre he estado contigo.

173
Imposibilitado

Te has ido más allá de la frontera, donde no te puedo seguir, aunque quisiera tener un feliz viaje contigo. Me quedo donde me dejaste con el vacío de tu presencia, pero lleno con la presencia de tu dulce amor. Cada palabra de cariño fortalece mi alma. La sonrisa de alegría me acompaña todo el tiempo. La mirada de felicidad alumbra mi camino. El eco de tu voz como dinamita, me mantiene despierto para esperar tu regreso. Tu caminar hacia la cama hace explotar mi alma. El perfume de tu piel, incita aceleradamente latir mi corazón. El calor de tu cuerpo hace temblar mi pobre y humilde ser. Mi memoria guarda el sonar de la canción y el secreto que compartimos en una misma vida. Desde nuestro respectivo lugar, uniremos la punta de nuestros dedos como señal del amor inquebrantable, porque imposible es estrechar nuestras manos que cadena pudieran ser.

Nuestros pies pisan distinto suelo, nuestras manos forman un puente con la esperanza de volver en su lugar, resguardando un fraterno abrazo, porque todas tus huellas están gravadas e impregnadas en mis sentimientos. El lugar está ahí, que difícilmente alguien más podrá ocupar cual reservaste y te ganaste con sacrificio.

174
Los Intereses

Leticia dice: *Después de divorciarme, me junté con un hombre que era borracho y flojo, luego dije; Con este wey,* (palabra *wey*, significa, inútil, inservible) *no tengo ningún futuro y me fui de la casa.* Y al final, se casó con un hombre mayor de 20 años, quien sí tenía para mantener a la mujer porque era hombre de negocios.

Irma responde: *Usted no promete ningún futuro para que una mujer profesional se fije en usted.*

Ángela reclama: *Yo me casé para que me mantuvieras, yo estar en casa y no para trabajar.*

Isabel declara: *Tú, eres el hombre ideal, pero estas muy lejos y sin futuro.* He aquí la frase; *Todo tiene precio en esta vida.* Efectivamente, la vida tiene mucho valor y se entrega al mejor oferente cuando el interés visible y palpable está de por medio. Quien da y ofrece más, tiene todo lo deseado. Parece ser que la vida está puesta en subasta, en remate o en rifa, a la espera quién gana el premio mayor. Transitando en el mundo, oigo hablar personas, escucho voces susurrantes y que resuenan en mis oídos cuando dicen; Con este hombre, no tengo ningún futuro. Él no promete nada. Estoy enamorada de un hombre ideal para mí, pero sin futuro. Soy mucha mujer para conformarme con poquito o con casi nada. A lo lejos arrastra el viento la reacción de un hombre. Bien has dicho y acertadamente tienes toda la razón, no ofrezco ningún futuro, conmigo no está la esperanza de vivir en un paraíso terrenal, en un palacio de rey o un castillo de príncipe. Estoy consciente que tu sueño era, es y será, llegar a la sima de la riqueza y tu anhelo, posar en la cumbre de la abundancia para ser admirada, contemplada y alagada con la envidia de muchas otras mujeres cual orgullo, es el sello de la falsa felicidad. Es la parte de la moneda que corresponde a la mayoría de las mujeres en el mundo, que le ponen precio su vida reflejada en su imagen, en su cuerpo y en la visibilidad de una buena apariencia. Es la razón el porqué de un buen arreglo, una buena tonificación y una buena presentación ante los ojos de los mejores apostadores. Mientras, por otra parte, el hombre se esfuerza en apropiarse lo que vislumbra sus ojos. Lo que envuelve sus sentimientos y emociones en un mundo sin salida. Lucha por conquistar la belleza externa que le hace sentir más allá de lo inalcanzable. Toma el papel de coleccionista, ojos brillantes como dos grandes estrellas. Cuerpo divino e incomparable como una diosa. Una imagen escultural para la envidia de muchos. Una belleza perfecta para la admiración de diferentes géneros y edades. Todo el empeño y la dedicación, es entregada en tiempo, dinero y esfuerzo. Al poco tiempo, el valiente, el atrevido y el arriesgado, se da cuenta, que lo que le atrajo de aquella estrella, se va apagando poco a poco, lentamente se acercan los problemas. Viene la decadencia, que lo que se vendió y se compró, ya no está igual como en el principio, y se van devaluando las muchas atracciones. La devaluación es irreversible y las consecuencias son fatales. Frente ambos actores, los reclamos, las exigencias, enjuiciamientos que provocan separaciones y divorcios. Llega el momento y la hora de cobrar las facturas por un concepto más bajo, el juego de los sentimientos y lo más valioso de la humanidad; su amor y su felicidad. El veredicto y la sentencia final, es; pagar cada una de las malas acciones hasta llegar a la máxima edad o hasta el último día de vida, en esta triste tierra y en medio de un mundo interesado.

175
En Tu Entrar

Tu llegada hace cimbrar el universo,
No se puede calmar ni con un solo beso.
Con la presencia de tu calor,

Mi cuerpo siente desmayar en el vacío.
De la Oceanía sube un gran vapor,
Para cubrir la montaña con briza fresca.
Con tu energía la cumbre arde de felicidad,
Y de la fuente brota la virgen miel.
Desde la sima se vislumbra la gran ciudad,
Y en medio de ella corre el río.
Las colinas bailan al son de tus cantos,
Que sin instrumento se escucha la música.
Tiembla la tierra de alegría,
Con tu fuerza sienten partirse en pedazos.
Desde el fondo brota el manantial con ternura,
Y la fuente corre sin límite con dulzura.
Señor sol, entra a mi casa con fervor,
Que la señora luna te espera con amor.
Comamos pan en la mesa fina,
Bebamos vino en la copa cristalina.

176
Para Mí

Eres más preciosa que todas las piedras del planeta. Una gran belleza entre todas las damas que se pueda imaginar. Eres más hermosa que todas las flores del jardín y del campo. En el fondo de mi corazón, eres más brillante que las mismas estrellas en el cielo. Tan codiciable como la gran perla, por los hombres que se sienten abandonados. Tan buscada como el oro, para sentirse rico el pobre. Los Ángeles lloraron al bajar a la tierra para cobijar mi ser. La bella ciudad celeste quedó vacía con tu salida, para llenar al mundo con tu belleza. Tienes más valor que el mismo oro al cual el hombre se pelea. Eres la fortaleza donde todos se refugian en tiempo de crisis. Más admirable que la luna en su plenitud, porque te puedo tocar con toda la libertad que me concedes. La mirada penetrante de tus ojos, son como los rayos del sol que descubre hasta lo más íntimo de mi vida. Buscada como la misma felicidad, porque eres toda una gran fortuna.

177
Mi Despertar

Cuando te vi, me enamoré de ti.
Me doblegó tu hermosura.
Y tu belleza mi gran fortuna.
Cantarte así, es mi deseo.
Mi gran anhelo, es tenerte aquí.
Sentirte cerca, es mi consuelo.
Al verte pasar, vi la luz del día.
Volver a vivir, por ti será.
De tu dulce amor, me llegó la vida.
Estoy aquí, y gracias te doy.
En tu calor sentirme quiero.
Y en tus brazos cantar alegre.
En tu presencia vivir contento.
Dame tu amor amada mía.
Servirte quiero en tu morada.
Estar contigo, y amarte siempre.

178
Aterrizaje Fatal

Después de convivir por mucho tiempo, los dos planeamos viajar largamente sin soltarnos de las manos. En la pista decidimos despegar la nave, creímos que estábamos preparados para ello. Ignoramos todas las advertencias de vientos y tormentas. Soñamos volar sobre todas las adversidades que hubiese en el aire. Quisimos morar junto a las estrellas y cubrirnos de la nube como nuestra sábana perfecta. Demostrar al mundo entero que somos los mejores pilotos de nuestra vida. Unimos nuestras fuerzas para traspasar toda barrera en el vuelo. Dejamos todo por vivir nuestro amor genuino. Era un principio sin fin, parecía que todo iba bien a la tercera parte, cuando el enemigo con sus armas letales nos alcanza para impedir nuestro propósito. El exceso de confianza nos traicionó, la inseguridad nos cubrió de nubes oscuras. A pesar de nuestra larga resistencia, fuimos rodeados y atacados con furor. Perdimos fuerzas y control, que ni tiempo tuvimos para planear. Caímos como ave sin plumas o polluelos sin alas. Fuimos heridos y lastimados, que por semanas o meses llegó a sanar nuestra alma. Mi copiloto perdió todo el interés de seguir luchando, las cicatrices quedaron en nuestro cuerpo, como un sello de amor perdido en el aire. Hoy nos vemos en ocasiones, y hacemos lo posible no encontrarnos. Luchamos por entender, por qué el egoísmo es tan grande que la propia bondad. Por qué la envidia es tan letal como un veneno en el corazón. Posiblemente, jamás sabremos la respuesta correcta de nuestra interrogancia (pregunta). No estamos juntos ni lo estaremos, por temor a pasar el mismo o mayor dolor que experimentamos. No nos gusta la resignación, no nos gusta rendirnos, pero son los únicos recursos que nos quedan, para no morir en el intento, sino buscar otras y mejores opciones que la vida ofrece.

179
Manos Vacías

No tengo regalo exorbitante ni costoso al cual el mundo está acostumbrado. Carezco de palabras suaves, y elocuentes que pudieran endulzar tus oídos. La riqueza y la abundancia me abandonaron, desde que llegué al mundo. La comodidad y los lujos huyeron, cuando me vieron llegar a casa. Solo tengo la sinceridad, el poder para reconocer tu belleza que inspira vivir como en el mismo cielo. Exaltar tu hermosura que adorna mi existir en medio de un mundo desolador. Decirte que eres muy bonita entre mil mujeres del universo, siempre encantadora y guapa en cualquier lugar que caminas. Enaltecer tu preciosidad ante el ser que te quiere incondicionalmente. Exclamar que eres una gran dama que no hay forma para describirte de la más elevada posible. Elevar desde mi pobre y humilde suelo, el canto del alma, porque te contemplo y te admiro como un ángel guardián. Te valoro por todo lo que representas en mi sentir. Te guardo con el respeto que mereces, con lealtad me reservo, te adoro con entrega total. Te quiero con todas mis fuerzas, y te amo con toda mi vida. Recibe mi reverencia y honor, como regalo humilde y pobre, como estas flores que simboliza la aroma de ser. Te deseo lo mejor, ahora que cumples un año más de vida. Feliz seas en cualquier lugar y en todos los momentos.

Acerca del autor

Delf Luis Ross. (Delfino Luis Rosas, nombre legítimo). Nacido el 5 de enero de 1966, en Las Peñas, municipio, Tamazulápam del Espíritu Santo. Mixe. Oaxaca, México. De descendencia indígena. De idioma Mixe. Graduado de la escuela primaria bilingüe en 1978. Bachiller en Teología y Estudios Bíblicos, en 1991, Colegio Cristiano del Centro, San Luis Potosí. En 1992, contraje matrimonio, del cual tuve tres hijos varones, de quienes amplia y profundamente estoy agradecido. Terminé la secundaria para adultos en 1994, el mismo año, ingresé a Estados Unidos. En 1996, cursé tres semestres de preparatoria abierta. Siendo el año 2000, llegué definitivamente a Estados Unidos. En 2003, terminé la preparatoria (GED). En 2006, obtuve el Certificado de Ministro, de la Universidad Howard Payne, El Paso, Texas. En el año 2007, ingresé al Colegio de la Comunidad del El Paso (EPCC), para desarrollar el idioma inglés.

Printed in the United States
By Bookmasters